Wo wir sind ist vorn

Der politische Witz in der DDR
oder
Die verschiedenen Feinheiten bzw.
Grobheiten einer echten Volkskunst
aufgeschrieben und kommentiert von
Clement de Wroblewsky alias Clown
Clemil
Mit Zeichnungen von Michael Jost

Rasch und Röhring Verlag
Hamburg—Zürich

CIP-Kurztitelaufnahme der Deutschen Bibliothek

»Wo wir sind ist vorn . . .«: d. polit. Witz in d. DDR oder d. verschiedenen Feinheiten bzw. Grobheiten e. echten Volkskunst / aufgeschrieben u. kommentiert von Clement de Wroblewsky alias Clown Clemil. Mit Zeichn. von Michael Jost. — Hamburg; Zürich: Rasch und Röhring, 1986.
  ISBN 3-89136-093-2

NE: Wroblewsky, Clement de [Hrsg.]
Vw: Clemil <Clown> [Pseud.] → Wroblewsky, Clement de

Einband und Gestaltung: Studio Reisenberger
Gesetzt aus der Optima
Satzherstellung: alphabeta, Hamburg
Lithographie: Albert Bauer KG, Hamburg
Druck- und Bindearbeiten: Druckhaus Cramer, Greven
Printed in Germany

Inhalt

Gebrauchsanweisung

Die Witze sind rot gedruckt. Das hebt sie von den Kommentaren ab: die sind schwarz. Gedruckt. Und stellen nichts als einen Haufen saftiger Subjektivität dar, ein Pfund Meinung sozusagen — und Sie wollten doch Witze — ein Pfund Meinung, mit fachlicher Spekulation und politologischer Pikanterie überwürzt und so verquer geschrieben, als habe selbst der kleinste Fisch die größten Gräten: Der Leser mag sich also getrost auf das Rote — die Witze — konzentrieren, es ist kulinarisch genug und lohnt schon das Buch.
Und die Bilder natürlich. Kommentare gewiß auch sie, doch Kommentare von gleicher Sicht, wie es die Witze dieses Buches sind: den Gegenstand gerade dort enthüllend, wo er sich am meisten verdeckt wähnt . . .

Häschen ist ein berühmter Balalaika-Spieler. Häschen sitzt auf einer Lichtung und spielt Balalaika — ganz fürchterlich schlecht Balalaika.
Da kommt der Wolf vorbei und sagt: »Häschen, ich möchte Dich bitten, nicht so fürchterlich Balalaika zu spielen.«
Häschen spielt weiter, ganz fürchterlich schlecht spielt es weiter.
Da sagt der Wolf: »Wenn Du weiter so spielst, dann müssen wir uns prügeln!«
»Einverstanden«, sagt Häschen, »komm, wir gehen in den Wald, da können wir uns prügeln!«
Nach einer Weile kommt der Wolf mit zerzaustem Fell, zerfransten Ohren und blauen Augen aus dem Wald und zieht von dannen. Häschen kommt, setzt sich wieder auf die Lichtung und spielt Balalaika, ganz fürchterlich Balalaika.
Da kommt der Fuchs: »Häschen, wenn Du weiter so fürchterlich Balalaika spielst, dann müssen wir uns prügeln!«
»Gut«, sagt Häschen, »komm mit in den Wald!«
Nach einer Weile kommt der Fuchs völlig zerbeult und zerfranst und zieht seiner Wege. Häschen kommt, setzt sich wieder auf die Lichtung und spielt. Und spielt. Und spielt.
Nach einer ganzen Weile teilen sich hinter Häschen die Büsche. Ein riesiger Bär taucht auf und brüllt: »Ist denn hier niemand mehr, dem das Balalaika-Spiel meines Freundes, dem Häschen, nicht gefällt!?!!«

Die erste gemeinsame Kosmosmission UdSSR—USA—DDR wird nach 14 Tagen Flug erfolgreich beendet. Der amerikanische Astronaut wird in New York mit einem Konfettiregen empfangen. Der Präsident überreicht ihm die Besitzurkunde für ein schmuckes Reihen-

haus nebst einem Scheck über 100 000 Dollar. Der sowjetische Kosmonaut wird vom Obersten Sowjet empfangen. Er erhält den Orden »Held der Sowjetunion«, eine Datsche bei Baikonur, eine Prämie, eine Auslandsreise und einen Erholungsaufenthalt in Sotschi.
Und der DDR-Teilnehmer bekommt die 14 Tage Weltraumaufenthalt vom Urlaub abgezogen.

Der Papst besucht die DDR. Er sieht sich in Berlin den restaurierten Dom an und ist sehr beeindruckt. Dann wendet er sich nach rechts, sieht den Palast der Republik und sagt: »Da habt Ihr aber auch ein **sehr** schönes Pfarrhaus dazugebaut!«

Mandelzweig erhält die Genehmigung zur Ausreise aus der Sowjetunion. Bei der Ausreise findet der Zoll eine Leninbüste im Gepäck.
»Was wollen Sie denn jetzt noch mit Lenin?« fragt der Zöllner.
»Nu, Brüderchen«, sagt Mandelzweig, »werde ich doch sein in der Fremde! Ay way! Was werde ich haben an Sehnsucht! Da werde ich richten meine Oigen auf Lenin, und so wird alles wieder gut sein.«
Angekommen in Haifa, geht Mandelzweig von Bord.
»Was wollen Sie denn jetzt noch mit Lenin?« fragt der Zöllner.
»Schau, bin ich im Gelobten Land?«, antwortet Mandelzweig.
»Möchte es mir da immer gutgehen? Werde ich also bekommen Sehnsucht und meine Oigen richten auf Lenin. Und dann werde ich zu mir sagen: Mandelzweig!! Bleib in Israel!«
Mandelzweig richtet sich eine Wohnung ein und bekommt den ersten Besuch seiner Verwandten.
»Mandelzweig!«, ruft da einer, als er die Büste im Regal sieht, »Mandelzweig! Was hast Du da an der Wand?! Lenin!«
»Was heißt hier Lenin!?«, sagt Mandelzweig:
»Platin — Platin!«

Parteiversammlung. Der Referent erläutert die Perspektive:
»In spätestens fünf Jahren«, sagt er, »wird die Versorgung der Bevölkerung sichergestellt sein.«

Plötzlich eine laute Stimme, von ganz hinten aus dem Saal:
»Und wann gibt es Klopapier?«
»In zehn Jahren«, fährt der Referent fort, »wird es in jedem Haushalt ein Auto geben.«
Stimme von hinten: »Und was ist mit dem Klopapier?«
»In zwanzig Jahren«, fährt der Referent fort, »wird jeder von uns ein Haus haben.«
»Und das Klopapier?!«
»Also paß mal auf, Du da hinten!«, sagt der Referent, »Du kannst mich mal am Arsch lecken!«
»Aber Genosse«, kommt die Antwort, »das ist doch auch nur eine Zwischenlösung.«

Die USA, die Sowjetunion und die DDR wollen gemeinsam die Titanic heben.
Die USA interessieren sich für den Goldschatz und den Tresor mit den Brillanten.
Die Sowjetunion interessiert sich für das technische Know-how.
Und die DDR interessiert sich für die Band, die bis zum Untergang noch fröhliche Lieder gespielt hat.

Was sind die vier Hauptschwierigkeiten beim Aufbau des Sozialismus? —: Frühling, Sommer, Herbst und Winter.

Zwei Schneeflocken sitzen auf einer Wolke und langweilen sich.
»Komm«, sagt die eine, »komm, wir gehen in die DDR, legen uns auf eine Schiene und spielen Chaos!«

Ein Mann kommt in eine Zoo-Handlung und fragt nach Papageien.
»Was kostet der Papagei?« fragt er und zeigt auf einen schönen, bunten Papageien.
»Der kostet 1000 Mark«, antwortet der Verkäufer.
»Was?«, sagt der Mann. »So teuer? Und was kann der Papagei?«
»Er kann sprechen, Mundharmonika spielen, pfeifen und dabei rau-

chen, und außerdem ist er als Wachhund zu gebrauchen.«
»Na ja, doch ein bißchen teuer«, sagt der Mann. »Und was kostet der hier?«, sagt der Mann und zeigt auf einen einfachen, grauen Papageien.
»Der kostet 2000 Mark.«
»Wattdenn?«, sagt der Mann, »so teuer? Watt kann denn der?«
»Na, jarnischt«, antwortet der Verkäufer.
»Wattdenn? Jar nischt!? Nich mal sprechen?«
»Nee.«
»Ooch nich roochen?«
»Nee.«
»Ja, und warum kostet der doppelt so ville wie der hier?!«
»Na, weil it doch sein Vorjesetzter is.«

Reagan, Breschnew und Honecker fragen den Lieben Gott, was im Jahr 2000 sein wird.
Zu Reagan sagt der Liebe Gott: »Im Jahre 2000 werden die USA kommunistisch sein.«
Da wendet sich Reagan ab und weint ganz bitterlich.
»Und was wird mit der Sowjetunion?« fragt Breschnew.
»Die Sowjetunion«, sagt der Liebe Gott, »wird es nicht mehr geben. Sie wird aufgesogen sein vom Großchinesischen Reich.«
Da wendet sich Breschnew ab und weint ganz bitterlich.
»Und wo steht die DDR im Jahre 2000?« fragt Honecker.
Da wendet sich der Liebe Gott ab und weint. Ganz bitterlich.

Kleine weiße Friedenstaube, fliege übers Land!

Honecker ist zu Besuch in Bonn.

»Sagen Sie mal, Herr Bundeskanzler« fragt Honecker, »Sie haben da eine ganze Reihe hervorragender Minister. Sagen Sie mir, wie machen Sie das bloß?«

»Das ist ganz einfach«, antwortet Kohl. »Ich mache einen Intelligenztest. Sehen Sie, da kommt gerade Graf Lambsdorff. Graf Lambsdorff, kommen Sie doch bitte einmal her. Ich habe eine Frage: Es ist nicht Ihr Bruder, es ist nicht Ihre Schwester, und doch ist es Ihrer Eltern Kind! Wer ist das?«

Lambsdorff überlegt eine Weile. Dann sagt er: »Das bin ich.«

»Richtig!«, sagt Kohl.

Zu Hause angekommen, wird Honecker am Flughafen vom Politbüro empfangen.

»Genosse Mielke«, sagt Honecker, »komm einmal her. Ich habe eine Frage: Es ist nicht Dein Bruder, es ist nicht Deine Schwester, und doch ist es Deiner Eltern Kind! Wer ist das!?«

»Genosse Honecker!«, antwortet Mielke, »gib mir vierundzwanzig Stunden, und dann habe ich die Person!«

Mielke geht ins Ministerium und ruft seine Leute zusammen.

»Es ist nicht mein Bruder, es ist nicht meine Schwester, und doch ist es meiner Eltern Kind! Wer ist das!? In vierundzwanzig Stunden will ich den Kerl vor mir sehen!«

Eine fürchterliche Suche beginnt, die ganze DDR wird umgekrempelt, keiner wird gefunden. Am nächsten Tag geht Mielke zu Honekker.

»Genosse Honecker«, sagt Mielke, »wir haben alles getan. Wir haben die ganze Republik umgekrempelt. Wir haben die beschriebene Person nicht finden können!«
»Aber Genosse Mielke!«, sagt Honecker, »die Lösung ist doch ganz einfach: Es ist Otto Graf Lambsdorff.«

Dieser Witz erfüllt fast alle Voraussetzungen, ein echter, ein originärer DDR-Witz zu sein. Es ist aber nicht das Ambiente, noch sind es die Agierenden, Honecker und Kohl, die diesen Witz typisieren. Es ist das sichere Gespür für die Slapstick-Komik, die den DDR-Witz auszeichnet: Aus realen Versatzstücken wird eine irreale Situation geschaffen und dann in einem stur durchgehaltenen Naturalismus wiederum irreal bewertet. Und zum Schluß wird der Sache noch mit einer verblüffenden Wendung auf den Kopf gehauen. Auf die Art erlebt der Witz, selbst in den kürzeren Exemplaren, oft eine zwei- bis dreifache Umkehrung des Themas.
Der Humorwert liegt bei solcher Witz-Konstruktion bereits in der Spannung von Grundsituation und diesem Naturalismus, der sich, selbst in den merkwürdigsten Wendungen des Themas, selber nie in Frage stellt. Der, immer arglistig naiv bleibend, stets darauf aus ist, das Irreale mehrfach zu potenzieren, um dann, in der höchsten Potenz des Irrealen, mit einem Schlag zu enthüllen, mit Verblüffung zu decouvrieren, durch den gezielt provozierten Lacher eine politische Einheit zwischen Hörer und Erzähler herzustellen. Was zumindest für den Erzähler eine verläßliche Schutzfunktion darstellt: Einmal über den Witz gelacht, kann man weder dem Witz noch dem Erzähler, am allerwenigsten sich selber böse sein.
Aber das ist auch schon der einzige stabile Wert am politischen Witz in der DDR. Zwar ist das Hörenswerte und selbstverständlich auch das Erzählenswerte an ihm, daß es bei aller Naivität eben **nicht** kalkulierbar ist, um welche Ecken die Slapstick-Reise gehen wird, aber es ist auch nie so genau herauszubekommen, wo die irreale Situation beginnt und wo der Naturalismus aufhört. Sicher, die realen Versatzstücke stimmen: Honecker, Kohl . . . Aber ihr Zusammentreffen, ist

das irreale Situation, vorweggenommene Realität — gar beides? Daß beide nicht etwa vom Frieden oder vom Geschäft reden, sondern von ihren Ministern, beide in der ihnen gemäßen Peinlichkeit: Ist das die Realität, oder ist das die Überhöhung? Beides?

Müßig, es auseinanderhalten zu wollen. Denn es wird an die Materie herangegangen wie an eine hochwissenschaftliche Aufgabe, bei der es Wurscht ist, wie man die Komponenten addiert: Hier hast du einen Kochtopf. Da den Mount Everest. Auf dem Mount Everest braucht das Wasser bei gleicher Energie länger zum Kochen als auf Meereshöhe — weil der Druck geringer ist! Daß die DDR-Bevölkerung nicht allzuviel von den Fähigkeiten ihrer Oberen hält, wird im DDR-Witz immer als Konstante vorausgesetzt — es kommt hier **nur** auf das Wie an. **Wie** wird der Schnellkochtopf erklärt? Auf dem Mount Everest.

Von dieser Warte aus gesehen, könnte es sich hier also um einen originären DDR-Witz handeln: Es ist ihm dramaturgisch völlig gleichgültig, wie und warum der Kochtopf, respektive Honecker, irgendwohin kommt. Er ist da, und der Witz ist voll eröffnet, denn wahrhaftig: Was macht der Meier auf dem Himalaja, der Topf auf dem Everest, Honnie bei Kohl? Wie in einer richtigen Clownerie verzichtet die Dramaturgie auf jegliche Erklärung. Wo befinden sich die beiden gerade, wer sind Kohls angeblich hervorragende Minister, doch nicht Lambsdorff, von dem jeder weiß, daß es ihn schon gar nicht mehr gibt? Woher kommt Lambsdorff, wie etwa reagiert er auf den zugemuteten Test, gibt es überhaupt einen solchen Test — no answer.

Nur das Eigentliche wird verfolgt. Nichts ist sinnlos verschnörkelt, nichts ausgemalt. Jedes Wort ist funktional berechnet, die Erzählweise also karg und knapp. Es ist das innere Gesetz des Slapstick: Der Erzähler ist sich seiner Wirkung bewußt; den eigentlichen Gag hat er noch in der Hinterhand. Mit Coolness kann er das Thema mehrfach aufschichten — die Spannung wird bis zur Schlußfinte auf jeden Fall halten.

Und: wenn auch Honnie peinlich agiert, es ist nicht etwa die Peinlichkeit der Situation, die die Situationskomik ausmacht, im Gegensatz zu Formen kleinbürgerlichen Humors, in denen das Peinliche ausgemalt auf nur einer Ebene hin und her geschoben wird.

Und — auch das ist wichtig, denn auch das ist eine Analogie zum clownesken Slapstick — der Witz entblößt die Personen, ja, er übt teilweise an ihnen Verrat (kein DDR-Bürger wird den Fortgang mit dem Minister Mielke für bare Münze, wohl aber für ein signifikantes Theorem nehmen), aber er zerstört seine Personagen nicht. Vielmehr könnte man behaupten: Klammheimlich mag er sie ein wenig. Also, es wäre ein typischer DDR-Witz, wenn . . . wenn er nicht einen nachweisbaren Ursprung hätte.

Von Tristan Rémy aufgeschrieben und mit der Jahreszahl 1925 versehen, stammt die klassische Clowns-Szene »Der Bruder und die Schwester« aus der Familie der Brüder Dario und Manrico Meschi, die das Entrée zusammen mit einem Sprechstallmeister im Zirkus spielten.

Dennoch, die Adaption entwertet weder die Quelle noch den Witz. Schon gar nicht die Theorie, die ich hier gewagt habe. Im Gegenteil: Von Anfang an besaß der politische Witz in der DDR die Affinität zum Slapstick. Mit seinen neuen Inhalten war er auch durchaus befähigt, sich souverän über eine solche Clowns-Szene zu stülpen, ebenso, wie er sich souverän anderer Gattungen bedient hat, die zu ihm paßten: der Fabel, des jiddischen Witzes usw. Aber was auch immer der Polit-Witz der DDR adaptierte oder eigenständig entwickelte: Handwerk war die Slapstick-Technik.

Nur der gewiefte Kenner hätte beim Hören unserer Geschichte von Honecker und Kohl leise Zweifel ob der Herkunft gehabt: Der typische Polit-Witz hat eine extrem kurze Exposition. Oder — und beides ist bei Honecker/Kohl nicht gegeben — die Exposition endet mit dem Blackout.

Ich habe diese Adaption als Beispiel gewählt, weil es sich um einen, wenn nicht originären, so doch sehr originellen Witz aus der allerletzten Zeit handelt. Meine Theorie ein wenig zu untermauern will ich jetzt dem geschärften Auge des Lesers den ältesten mir bekannten DDR-Witz wiedergeben. Er stammt aus dem Beginn der fünfziger

16

Jahre und besaß damals schon alles, was auch später den wirklichen Polit-Witz ausmachen sollte.

Ein Ostkind und ein Westkind stehen sich in Berlin an der Grenze gegenüber.
»Ätsch«, sagt das Westkind, »ick hab' Bananen und Du nich!«
»Ätsch«, sagt das Ostkind, »und ick hab'm Sozialismus und Du nich!«
»Na und«, sagt das Westkind, »'n Sozialismus kriegen wa ooch!«
»Ätsch«, sagt das Ostkind, »dann habta ooch keene Bananen mehr!«

Fest und standhaft

Honnie und Conny

Die Transsib wird eingeweiht. Plötzlich geht es nicht mehr weiter, die Schienen haben aufgehört. Die Verantwortlichen denken nach, was sie tun können.

»Was hätte Lenin in unserer Situation gemacht?« fragen sie sich.

»Lenin hätte gesagt: Alle Bourgeois aussteigen, Ärmel hochkrempeln und weiterbauen!«

»Und was hätte Stalin gemacht?«

»Stalin hätte die Verantwortlichen herausgesucht und sie erschießen lassen.«

»Und was würde jetzt Honecker an unserer Stelle machen?«

»Honecker? Der würde jetzt sagen: Alle Genossen aussteigen und kräftig an den Wagen rütteln, damit die Nicht-Genossen glauben, es geht weiter!«

Erich Honecker besucht den Rostocker Überseehafen. Ein Bankett ist vorbereitet. Auch drei eben zurückgekehrte Kapitäne sitzen in der Runde.

»Und wo kommen Sie gerade her?« fragt Honecker den einen Kapitän.

»Aus Brasilien, Genosse Staatsratsvorsitzender«, antwortet der Kapitän.

»Und womit sind Sie zurückgekommen?«

»Mit Ananas und Kaffee!«

»Und was haben Sie hingebracht?«

»Polygraphische Ausrüstungen!«

»Und von wo kommen Sie gerade her?« fragt Honecker den zweiten Kapitän.

»Ich bin gerade aus Kuba eingelaufen.«
»Und womit sind Sie zurückgekommen?«
»Mit einer Ladung Apfelsinen.«
»Und was haben Sie hingebracht?«
»Ersatzteile und Lastenwagen, Typ W 50.«
»Und von wo kommen Sie gerade her?« fragt Honecker den dritten Kapitän.
»Ich komme gerade aus Leningrad«, antwortet der Kapitän.
»Und was haben Sie hingebracht?« fragt Honecker.
»Kalidünger und Ausrüstungen.«
»Und womit sind Sie zurückgekommen?«
»Mit der Eisenbahn.«

Die Callas gastiert im Palast der Republik. Riesiger Erfolg. Begeistert geht Honecker nach dem Konzert in die Garderobe.
»Gnädige Frau«, sagt Honnie, »Sie waren wunderbar! Mit Ihrer Kunst haben Sie den Menschen viel Schönes gegeben. Sie haben einen Wunsch bei mir frei!«
»Reißen Sie die Mauer nieder«, sagt die Callas.
Honnie stutzt: »Ich verstehe«, sagt er geschmeichelt, »Sie wollen mit mir allein sein!«

Vorausschicken muß man, daß die Oberlausitz das vielleicht einzige, zumindest aber ein einzigartiges, wenn auch kleines Dialektbiotop der DDR ist, in dem die Leute einer unverfälschten, extrem gutturalen Sprache frönen, deren Laute ganz hinten im Kehlkopfbereich gebildet werden und sich am leichtesten dadurch imitieren lassen, indem man die Zunge, gegen den Gaumen geklappt, bis an die Schmerzgrenze nach hinten bewegt, die Lippen nur ganz leicht öffnet und dann den Aussagesatz des folgenden Witzes ausspricht:

Erich Honecker besucht zum ersten Mal die Oberlausitz und fragt die Repräsentanten des öffentlichen Lebens, wie es denn den Leuten im Sozialismus so ergehe.

20

»Genosse Staatsratsvorsitzender! Wir haben nichts gegen den Sozialismus«, sagt ehrerbietig ein Altvorderer, »Schwierigkeiten haben wir nur mit dem Wort.«
»So?« fragt Erich. »Haben Sie denn für Sozialismus ein besseres Wort?«
»Haben wir: Wirr-Warr!«

Erich Honecker besucht in Mecklenburg eine Rindermastanlage.
»Genosse Honecker«, sagt der Betriebsleiter, »in diesen Stallungen produzieren wir vierzigtausend Großvieheinheiten!«
Honecker nickt. Dann fragt er: »Und was macht Ihr mit der ganzen Jauche?«
»Es ist uns gelungen«, sagt der Betriebsleiter, »ein Verfahren zu entwickeln, um aus der Jauche Butter herzustellen: weiß, dick, streichfähig, verpackt und geruchlos.«
Honecker wird ein Paket gereicht. Er öffnet das Paket, kostet und spuckt aus:
»Aber das schmeckt ja nach Jauche!«, sagt Honecker.
»Stimmt!«, sagt der Betriebsleiter. »Das ist der kleine Schönheitsfehler, an dem wir noch arbeiten.«

Dieser Witz ist dem Wunschdenken der ständigen Reserve-Kampagnen gewidmet. Jeder einzelne im Land, das außer der Braunkohle über keinerlei erwähnenswerte Ressourcen verfügt (und Pechblende, Kali, Kalk und Kreide), ist ständig aufgerufen, eigene Reserven zu entdecken, sie zu mobilisieren und die einheimischen Rohstoffe besser zu nutzen.
Nun nutze einmal, was dir nicht gegeben. Und das **noch** besser! Nicht einmal, gleich zweimal. Wellen von unsinnigsten Sparmaßnahmen sind das Ergebnis.
Und Witze.

Auf dem Parteitag dreht sich Honecker im Präsidium um und erblickt eine ihm unbekannte Person.

Er winkt Mielke heran: »Du, da hinten sitzt einer, den kenne ich nicht!«

Mielke dreht sich ebenfalls um.

»Ich kenne den Mann auch nicht«, sagt Mielke, »aber das werden wir gleich haben.«

Nach einer Weile kommt Mielke zurück.

»Es hat alles seine Ordnung, wir haben es überprüft«, sagt Mielke zu Honecker, »der Mann hat seinen Platz über Genex bezahlt.«

Die alte Garde stirbt im Sattel — dies war im März 1986, als der Genex-Witz einen Monat vor dem 11. Parteitag kursierte, dank dem Gorbatschowschock nicht mehr so gewiß; niemand in der DDR glaubte so recht daran, daß Erich Mielke, Minister für Staatssicherheit, bleiben würde. Oder sollte künftig das napoleonische Original gelten: Die Garde stirbt, aber sie ergibt sich nicht . . .

Dem anderen Erich, dem Honnie, einen Sattel vielleicht — aber nicht die Zügel! Unverblümt hatte das schon Anfang der achtziger Jahre jener Spruch besagt, der nach der Wiedererrichtung des Rauchschen Reiterdenkmals von Friedrich Zwei ausgebuddelt (das letzte Mal war er auf Adolf geprägt worden) und auf Honecker abgeleitet wurde:

Lieber Friedrich, steig hernieder
Und regiere Deine Preußen wieder.
Laß doch in diesen schlimmen Zeiten
Lieber unsern Erich reiten!

Conny Naumann, Ehemann der strohblonden Kunstpretiose Vera Oelschlegel, in inneren Kreisen etwas unappetitlich als Vera Ölschenkel apostrophiert, hatte sie sich doch zuletzt mit günstigem Aufgebot dem Schriftsteller Hermann Kant abknöpfen lassen — jener Ehemann Konrand Naumann also, Falke der Jüngeren Garde, Bezirkschef von Berlin, Sekretär des Zentralkomitees, Mitglied des Polit-

22

büros, wurde kurz vor dem 11. Parteitag aller Ämter enthoben: Denn Honnie und Conny, das wäre vielleicht noch eine Weile mit anzusehen gewesen, aber Honnie, Conny und Egon mit Honecker als Sprechstallmeister und Naumann als knallhartem Weißclown? Das hätte auf die Dauer den Kronprinzen Egon Krenz zum dummen August gemacht. Diese Nummer wäre nicht gelaufen.
(Wem meine Zirkus-Metapher zu gesucht erscheint oder gar geschmacklos, dem halte ich zwei Fundstücke aus meiner Kiste »Unfreiwilliger Humor« entgegen:)

1. 1979 — Überschrift eines Artikels:
   30 Jahre DDR — 30 Jahre Staatszirkus
2. 1984 — mitten in Berlin-Hauptstadt, am Bauzaun:
   35 Jahre DDR — 35 Jahre Komische Oper, zur Zeit im Umbau

Diesem Konrad Naumann also wurde von Zeit zu Zeit der bronzene Sattel von Fritz Zwei ebenfalls angeboten. Umsonst. Nun, als er ausgebootet war und allen ein Stein vom Herzen fiel, warf ihm der Volksmund das kürzeste Telegramm des Jahres hinterher.

Das kürzeste Telegramm des Jahres —
Hermann Kant an Vera Oelschlegel: Ätsch.

Zehn Jahre zuvor, Naumann hatte ihr die hochdotierte Intendanz des eigens für sie im Palast der Republik geschaffenen Theaters eröffnet, verdoppelte sich die allgemeine Erregung, als Vera ihren Hermann Kant, damals ein noch heißverehrter Bestseller-Autor, nach schwerem Autounfall im Stich ließ und mit dem demonstrativen Anspruch einer First Lady im Staate mit wehendem Tuche vor aller Augen zu Konrad Naumann hinüberlief.
Da hieß es nur knapp:

Hermann Kant schreibt an einem neuen Roman: Der arme Konrad.

Arm sicher, denn die anspruchsvolle neue First Lady, die, selbst bei gutwilligster Betrachtung, keinem künstlerischen Anspruch genügen konnte, hatte Naumann bis an sein politisches Ende desavouiert.

Aber was Wunder, daß der Conny es dem Honnie gleichtat? Honnie, im ständigen Gerede wegen seiner Margot, die er erst zur Mutter, unter Walterchens moralischen Vorhaltungen zur Frau, dann zum Minister, für eine kurze Frist zur First Lady und schließlich zum Mauerblümchen gemacht hat: Niemand weiß so recht, ob die beiden nun geschieden sind oder nicht. Wohl ist Margot noch Minister für Volksbildung und darf bei Anlässen manchmal auch neben Honnie figurieren, aber: Nichts Genaues weiß man nicht. Mitleid? Wäre es nur ein Theater gewesen, vielleicht. Aber gleich ein ganzes Ministerium?

Warum wird vor dem Haus des Lehrers am Alexanderplatz so viel gebuddelt? — Man sucht das Staatsexamen von Margot.

So hieß es damals, als sie Ministerin wurde; und es wurde viel gebuddelt, zugepflastert und wieder aufgerissen, saniert und gleich abgerissen, damals als Walterchen der unangefochtene Hobby-Chefarchitekt des Landes war und den Alexanderplatz als seinen wohl schönsten Buddelkasten ansah. (In Halle, wo zwischen Zentrum und Bahnhof die Ruinenwüste des Zweiten Weltkriegs zu einer tristen Ebene planiert worden war, hatte Ulbricht nur kurz angewiesen: »Das nächste Mal, wenn ich wieder herkomme, will ich Bäume sehen, ju?!« Niemand wagte Widerspruch, niemand hatte das Kreuz. Muttererde, Bäume, Rasen, Blumen wurden schon nächstentags auf den Schutt, in den Sand gesetzt, obwohl einige Monate später laut Plan an dieselbe Stelle der Terminal mehrerer Stadtautobahnen gebaut werden sollte. Heute, wo der gräßliche Terminal dicht und doch autogerecht von Hotelsilos und Wohnhochhäusern umgeben ist, sucht man noch immer vergeblich eine »Begrünung«.)

Zurück zu Margot. Vor einigen Jahren verlieh ihr die Universität Hanoi den Dr. hc. Der Volksmund lautmalte:

24

Darf ich vorstellen: Doktor Ho! Ho! HoHoHohonecker!

Wahrlich, beliebt ist Margot nicht. Das Absacken des einst progressiven Volksbildungsniveaus wird ihr angelastet. Nur eines bleibt als Merkwürdigkeit in positiver Erinnerung: Die Legende nämlich, daß — noch bevor ihn 1964 Walters Bann-Bulle traf — sie den Sänger Biermann unter den Fittichen ihres Interesses für einige Zeit zum Unantastbaren gemacht hatte . . .

Honnie wiederum sucht offensichtlich seinen Trost in der Anbetung einer renommierten westdeutschen Sängerin, die er wie eine hohe frouwe zu verehren scheint, nur daß in diesem Fall *sie* der Troubadour ist, der ein Gastspiel nach dem anderen, auch im kleinen Kreis des Prinzenpalais, absolviert und sich nicht nur mit der Minne, sondern auch mit Friedensliedern vorsichtig für die Sache des Anbeters engagiert.

Wie der Honnie so der Conny. Conny allerdings eine ganze Nummer tiefer, direkter: Regina Thoß, vollbusige Schlagersängerin, gleich Vera vorher in den gesellschaftlichen Rang eines DDR-Abgesandten des Weltfriedensrates erhoben, der die DDR international auf außerdiplomatischem Parkett repräsentieren, das heißt missioniert in das NSW (Nichtsozialistische Wirtschaftsgebiet), kurz: in den Westen fahren darf. Was immerhin eine gute Voraussetzung für privates Reisen ist. Und gleich Vera vorher wurde Trostpflaster Regina in ihrer neuen Stellung vor einer Goodwilltour von Honnie in einer Runde gestandener Delegaten verabschiedet und mit ihm zusammen im Neuen Deutschland abgebildet. Fortan war sie damit jenseits von Gut und Böse, denn geborgen in den Armen ihres Starken Mannes, genoß sie nun unausgesprochen die dokumentierte Protektion des Ersten Mannes.

Das war gut für sie. Denn auch die Thoß hatte längst ihre Apostrophierung weg: ein Spiel mit Buchstaben nur, allerdings so vulgär, daß ich die Verballhornung ihres Namens hier nicht wiedergeben werde.

Regina Thoß mit der riesengroßen Stimme.

Hier nur ein Hinweis für die Stoßrichtung des Vulgarismus: Karl Eduard von Schnitzler, Chefkommentator des Fernsehens der DDR und weithin beliebt für seine Sendung »Der schwarze Kanal«, wird schlicht Scharl Eduard genannt.

Scharl Eduard ist im übrigen der Stifter der noch heute in der DDR gültigen Zeiteinheit ein Schnie. Ein Schnie ist die Zeit, die man braucht, um bei Ankündigung aufzustehen und die Sendung abzuschalten. Untergegangen ist der Ulp. Ein Ulp war allerdings auch mehr eine Umschaltzeiteinheit: Es spricht zu Ihnen der Genosse Walter Ulp! (Das P ist die semantische Verfeinerung und weist auf den abrupten Umschaltvorgang.)

Der Jähn ist ein Längenmaß, das sich trotz massiver Einführung nur ein, zwei Jahre gehalten hat, wohl aber noch in Erinnerung ist: Ein Jähn ist der Abstand von einem Plakat zum anderen, ca. 10 Meter. Dies war ungefähr die republiksweite Klebedichte, als der DDR-Kosmonaut Sigmund Jähn zur Bewährungsprobe von Politbüro-Frischling Joachim Herrmann wurde: Dieser, gerade für Agitation und Propaganda verantwortlich, stilisierte zum allgemeinen Entsetzen den Kosmonauten Sigmund Jähn zum »Ersten Deutschen im All«, und die Absicht stank zum Himmel, daß da mit plötzlich ausgebuddeltem, nationalistischem Pathos eine neue Identifikation bewirkt werden sollte.

Das Gegenteil trat ein. Jähn wurde zum Ersten Deutschen im Alk. Und weil der bedauernswerte Siggi Jähn alle paar Meter dünnlich aus seinem gelackten Hochglanzposter lächelte, hieß es: Wollt Ihr den totalen Siggi? Keiner wollte ihn. Mehr noch: Die Sowjets hatten **zwei** DDR-Kosmonauten ausgebildet, die Entscheidung aber, wer von den beiden fliegen würde, wollten sie am Tag vor dem Start fällen. So waren in der DDR vorsichtshalber von **beiden** die Poster **vorher** gedruckt worden, tonnenweise. Ohne Verzögerung sollte mit dem Start auch die gesamte Propaganda starten: Kurzentschlossen wurde nun die eine Hälfte der Auflage umgedreht und als Fond-Papier für Säulen und Wände genommen. So daß die bunten Jähn-Poster auf einem festen, weißen Fond zur Geltung kamen.

In einem Land, in dem das Papier kaum fürs Klo reicht, mußte die Sache natürlich ruchbar werden. Respektlose begannen nachzusehen, ob das denn wohl stimme und wie der andere, der nie Erwähnte, wohl aussehe. Kurz: es endete darin, daß die Plakate massenweise dem Vandalismus anheimfielen, so groß war der Unmut. Um aber nicht auch noch Zorn zu provozieren oder gar den Beweis zu erbringen, daß die Freude so ungeteilt nicht war, wurden die Plakate nicht bewacht, etwa durch patrouillierende Genossen, zivile und uniformierte Hüter. Nein, tags rupfte das Volk den armen Jähn, und nachts wurden Säulen und Wände wiederhergestellt. Sonst dem Klassenfeind an die Ferse geheftet, war das Ministerium für Staatssicherheit zur Klebekolonne geworden.

Eine letzte Maßeinheit, deren Stifter der Boß selber ist, kommt nur als Pluraletantum vor. Wie viele Erichse? Das bedeutet: Wie oft ist er heute wieder drin? Nämlich Honnie als Foto. Im Zentralorgan Neues Deutschland. Ein Erichse, also der Anteil an Fotos in **einer** Ausgabe, ist zum wichtigen Indikator der Souveränität des Souveräns geworden, seiner Unangefochtenheit, seines Durchsetzungsvermögens. Und seiner Volksverbundenheit auch, denn welcher Staatchef schafft heute schon unangefochten mehr als 40 Fotos in einer Ausgabe? So, daß du die Zeitung in die Hand nimmst und wenigstens hoffen darfst: Unsern täglich Erich gib uns heute. Du glaubst, das machen die katzbuckelnden Bild-Redakteure? Ungläubiger. Wisse, ab einem bestimmten Rang wird jedes einzelne vom Abgebildeten abzubildende Abbild abgenommen, abgesegnet. (Und schon vorher wird bestimmt, wer in welchem Abstand vom Boß stehend seinen aktuellen Platz in der Rangordnung dokumentieren darf.)

Doch jede noch so groteske Hypertrophie wird erst durch äußeren Druck permanent. Bei den Erichsen war es wohl jener Druck, für den Conny immer dann sorgte, wenn Honnies Stern — trotz absolutistischer Funktionsakkumulation — doch zu flackern begann.

Was nun dem Honnie sein **ND** — Neues Deutschland, Zentralorgan der Partei —, das war dem Conny die Berliner Zeitung, Bezirksblatt der Partei. Und in dieser republikweiten Berliner Zeitung und auf der Berlin-Seite des ND eröffnete Konrad Naumann, der sich einst als der bessere Ulbricht-Nachfolger gefühlt hatte und der sich nunmehr zum Erich-Kronprinzen von eigenen Gnaden und als Alternative zum Boß selber anbot, eine Fotopräsenzschlacht, die Erich, sich nach und nach steigernd, für sich entschied — um fortan, seit etwa 1983, einem ungetrübten Er-selbst-Bewußtsein zu frönen.

1986 war Landesfürst Conny der Knallharte, wie der als Volks- und Pappi-aller-Bauarbeiter Bemühte respektvoll genannt wurde, nur noch einen letzten Witz wert:

Ein junger Mann kommt zur SED-Bezirksleitung und sagt beim Pförtner: »Ich möchte gerne den Genossen Naumann sprechen!«
»Der Genosse Konrad Naumann«, sagt der Pförtner, »arbeitet nicht mehr hier.«
Am nächsten Tag kommt der junge Mann wieder: »Ich möchte gerne den Genossen Naumann sprechen!«
»Der Genosse Naumann«, sagt der Pförtner, »arbeitet nicht mehr hier.«
Am dritten Tag verlangt der junge Mann wieder den Genossen Naumann.
»Ich habe«, sagt der Pförtner, »es Ihnen schon gestern und auch schon vorgestern gesagt, ein Genosse Naumann arbeitet hier nicht mehr!«
»Tja«, sagt der junge Mann, »man kann et jar nicht oft jenuch hörn.«

»Übrigens, wat ick noch sagen wollte: Wenn Honecker eines Tages nich mehr is, dann verschwinden auch die drei schwarzen Kisten auffem Alex.«
»Was?«
»Wenn Honecker eines Tages nich mehr is, denn verschwinden ooch die drei schwarzen Kisten auffem Alex.«
»Wat für drei schwarze Kisten?«

»Siehste, typisch! Keiner fragt, warum Honecker nich mehr is, alle fragen nur nach den drei schwarzen Kisten.«

Honecker liegt am Strand von Honnie-Eiländ, die Ostsee-Wellen rauschen an den Strand, und mit der Morgenröte taucht die Sonne auf.
»Guten Tag, liebe Sonne«, sagt Erich.
»Guten Tag, Herr Staatsratsvorsitzender«, sagt die Sonne, »ich wünsche Ihnen einen erholsamen Tag, Herr Staatsratsvorsitzender!«
»Das ist aber freundlich von Dir, liebe Sonne«, sagt Erich, »das ist sehr freundlich, daß Du mir einen erholsamen Tag wünschst.«
»Ich danke Ihnen, sehr geehrter Herr Staatsratsvorsitzender«, sagt die Sonne, »daß Sie es freundlich finden, daß ich Ihnen einen erholsamen Tag wünsche.«
Am Abend, die Sonne ist im Untergehen, schaut Erich der Sonne nach und sagt:
»Vielen Dank, liebe Sonne, ich hatte einen angenehmen Tag!«
»Ach, Mann!«, sagt die Sonne. »Leck mich am Arsch, jetzt bin ich im Westen!«

Ein Mann kommt zum Zeitungskiosk, kauft das ND, sieht sich die erste Seite an, gibt dann die Zeitung zurück und geht. Am nächsten Tag macht er das wieder: kauft, guckt, gibt zurück und geht. Und so geht das ein paar Tage. Der Mann kauft, guckt, gibt zurück und geht.
Nach einigen Tagen fragt der Zeitungsverkäufer, warum er das macht.
»Ich warte auf eine Todesanzeige«, sagt der Mann.
»Da müssen Sie hinten nachsehen. Die Todesanzeigen sind hinten«, sagt der Verkäufer.
»Nee«, sagt der Mann, »auf die ich warte, die steht auf der ersten Seite.«

Übrigens: Weißt Du, daß Honecker zum Generalissimus ernannt wird — allerdings unter der Bedingung, daß er das Wort auch aussprechen kann.

Der Honnie-Witz ließ lange auf sich warten, wartete aber dafür mit einigen Novitäten auf. Dieser wohl älteste Honnie wurde ca. 1981 durch das Gerücht animiert, Armeegeneral Hoffmann, Minister für Nationale Verteidigung, würde nach sowjetischem Vorbild zum Marschall der DDR. So, wie ja Honnie nach gleichem Vorbild vom Ersten zum Generalsekretär geworden war. Aber wenn der Minister Marschall, mußte Honnie zwangsläufig nach dem Vorbild Stalins Generalissimus werden — unter der Bedingung, daß . . .

Honnie hat die Bedingung nie erfüllt. Minister Hoffmann bekam den für ihn und Kosmonauten Jähn aus der Taufe gehobenen Orden »Held der DDR«, und Honnie blieb militärisch auf dem Rang eines zivilen Vorsitzenden des Verteidigungsrates . . .

Ein Novum des Honnie-Witzes war, daß selbst Ulbricht mit seinem furchtbaren Fistelsächsisch, seinem ständigen: »Nein, ju!?«, seinem absoluten Mangel an Rhetorik, seiner Hilflosigkeit, mit der angeschafften Bildung umzugehen, zwar Ziel von argem Spott, jedoch nie eines derart zerstörenden Angriffs geworden war.

Typisch für Honnie ist das Silbenzerhacken. Aus Nuklearkrieg wird Nu klar Krieg, aus Sozialismus wird Soßalismus. Und so bestimmend ist sein Stil, daß heute nicht ein öffentlicher Redner, groß oder klein, noch Sozialismus artikuliert. Sie alle sind bei der Soße des Chefkochs gelandet: Soss-saalismus . . .

Reagan, Breschnew und Honecker fliegen in einem Flugzeug. Plötzlich hat das Flugzeug einen Schaden, eine Notlandung ist nicht mehr drin; es muß abgesprungen werden, aber es sind nur zwei Fallschirme an Bord.

»Macht nichts«, sagt Breschnew zu Honecker, »Du bist der Jüngste. Hier, nimm, spring Du zuerst.«

Gesagt — getan. Honecker öffnet die Tür und springt. Kaum ist Honecker gesprungen, schnallen sich Breschnew und Reagan einen Fallschirm um und springen ebenfalls. Wie die beiden so zu Boden schweben, fragt Reagan den Breschnew: »Sagen Sie mal, Herr Generalsekretär, ich denke, wir hatten nur zwei Fallschirme an Bord?«

»Stimmt«, sagt Breschnew, »Honecker ist ja auch mit meinem Campingbeutel rausgesprungen.«

»Kommt der persönliche Referent von Honecker zu Honnie ins Arbeitszimmer, was soll ich Dir sagen: Liegt Honecker zusammengebrochen und tot überm Tisch auf der Unterschriftenmappe!«
»Ja, und weiter!«
»Na, weiter weiß ich auch nicht! Aber der Anfang ist doch schon ganz gut.«

Hieß es noch am Ende der Ulbricht-Ära, 1972/73,

Weißt Du was, es werden noch Zeiten kommen, da werden wir sagen: Weißt Du noch, bei Walterchen, **das** waren noch Zeiten! — und das weniger aus Mißtrauen gegenüber Honnie, als aus Furcht vor der harten Riege Naumann/Verner —,

Das Flugzeug landet, die Gangway wird herangefahren, die Tür öffnet sich: Die Regierungsdelegation mit Walter Ulbricht an der Spitze, mit Willi Stoph, Albert Norden, Axen und vernerliefen . . .

So ist es eine zusätzliche Novität, daß — meines Wissens — bis dato keinem anderen sozialistischen Staatsführer ein politisches oder physisches Ende projiziert wurde. Und so oft . . .
Und Erich hat auch das Zweifelhafte für sich, in einem Atemzug mit einem genannt zu werden, zu dem man nicht einmal in einen Unterschied gestellt werden sollte . . .

Was ist der Unterschied zwischen Hitler und Honecker? Hitler hatte die Ostmark — Honecker will die Westmark.

Erich währt am längsten.

Ete (Honecker) kommt auf'n Alex, sieht eine Schlange, stellt sich an. Nach 'ner Weile dreht sich der vor ihm um. Er sieht Ete und geht weg. Wieder nach 'ner Weile dreht sich der nächste Vordermann um, sieht Ete und geht. Danach dreht sich der nächste um, der übernächste, der überübernächste. Nach und nach gehn alle weg. Beim allerletzten traut sich Ete und fragt: »Wonach steht Ihr hier eigentlich an?« Da dreht sich der Vordermann um, sieht Ete an und sagt: »Eigentlich stehn wa hier nach Ausreiseanträgen. Aber wenn ooch Du een'n stellst, könn wa ja hierbleiben.«
Und geht.

(Es ist typisch: dort, wo sich eine Schlange bildet, stellen sich die Leute erst an und fragen dann, wonach denn angestanden wird. Ist mir oft genug selber so gegangen, daß ich mich dabei ertappt habe . . .)

Treu ergeben

Nebenschauplatz: vom und wider den Virus

In Polen ist es so: Wirbt ein Mitglied der Kommunistischen Partei ein Mitglied für die Kommunistische Partei, bekommt es eine Prämie. Wirbt es zwei Mitglieder für die Kommunistische Partei, wird ihm der Parteibeitrag erlassen. Wirbt es drei, darf es aus der Kommunistischen Partei austreten. Wirbt es vier Mitglieder für die Kommunistische Partei, wird ihm bescheinigt, niemals Mitglied der Kommunistischen Partei gewesen zu sein.

Moische trifft David in Warschau auf der Straße. David hat ein Parteiabzeichen am Revers.
»Dovidel!«, sagt Moische, »was soll denn das bedeuten?«
»Nu, Moische«, sagt David, »das soll bedeuten: Ich bin eingetreten in die Partei der Arbeiterklasse.«
»Dovidel!«, sagt Moische. »Biste meschigge, **nach** der Saison!?«

Moische trifft David in Warschau auf der Straße.
»Dovidel!«, sagt Moische, »wohin so eilig?«
»Nun, Moische«, sagt David, »will ich hingehen und austreten aus der Partei!«
»Ay way geschrien!«, sagt Moische, »Dovidel! Dovidel, hast Du Dir das genau überlegt!?«
»Schau, Moischeleben«, sagt David, »da kann ich Dir sagen genau zwei Gründe. Der erste: Wenn es einmal anders kommt, wer wohl wird zuerst daran glauben müssen? . . .«
»Aber Dovidel!«, unterbricht Moische, »glaubst Du denn allen Ernstes, es wird jemals anders kommen!?«
»Nuna! Und genau das ist nebbich der zweite Grund!«

34

Moische arbeitet in Warschau im Außenhandelsministerium, und alle überlegen nur, wie sie ihn wieder loswerden können.

»Moische«, sagt sein Abteilungsleiter, »wir wollen den Handel mit der Schweiz intensivieren. Hier hast Du ein Sortiment polnische Uhren. Fahre in die Schweiz und komme bitte nicht ohne Abschlüsse zurück.«

Moische nimmt das Sortiment und fährt los. Es vergeht eine Woche, da kommt Moische zurück und hat eine ganze Jahresproduktion polnischer Uhren in die Schweiz verkauft.

»Moische«, sagt am nächsten Tag sein Abteilungsleiter, »wir müssen die Handelsbilanz mit Holland ausgleichen. Hier hast Du ein Sortiment polnischen Käse. Fahre nach Holland und lasse Dich ohne Abschlüsse nicht wieder sehen!«

Moische nimmt das Sortiment Käse und fährt los. Nach einer Woche kommt Moische zurück und hat drei Jahresproduktionen Käse nach Holland verkauft.

Am nächsten Tag kommt der Abteilungsleiter und schickt Moische mit polnischem Reis nach China. Es vergeht eine Woche. Es vergeht eine zweite Woche, eine dritte Woche. Moische kommt nicht zurück. Es vergeht eine vierte Woche, eine fünfte. Keiner glaubt mehr daran, daß Moische zurückkehrt. Da trifft Moische in Warschau ein und hat auf zehn Jahre die polnische Reisproduktion nach China verkauft.

Moische wird vom stellvertretenden Außenhandelsminister empfangen.

»Nun sagen Sie uns nur«, sagt der Minister und klopft Moische anerkennend auf die Schulter, »nun sagen Sie uns nur, wie haben Sie das alles fertiggebracht!?«

»Ach, wissen Sie«, sagt Moische, »das mit den Uhren und das mit dem Käse, das war kein Problem. Aber finden Sie mal in China einen Juden!«

Nach dem Zweiten Weltkrieg befindet sich bei der Grenzziehung zwischen Polen und der Sowjetunion ein Gehöft genau auf der neuen Grenzlinie. Die Grenzkommission stellt dem Bauern frei, wohin er sich entscheidet.

»Na ja«, sagt der Bauer, »ich möchte doch lieber Pole bleiben.«

»Wir respektieren Ihre Entscheidung«, sagt die Grenzkommission. »Aber sagen Sie uns bitte — es soll keinerlei Folgen für Sie haben —, warum haben Sie sich für Polen und nicht für die Sowjetunion entschieden?«

»Ach, wissen Sie«, sagt der Bauer, »der russische Winter ist mir zu kalt.«

Moische geht zur Polizei.

»Mein Tate, welcher lebt in Israel«, sagt er, »hat mir geschrieben. Er ist alt, krank und gebrechlich, und er will mir vererben hunderttausend Dollar. Ich soll kommen nach Israel und ihn pflegen.«

»Da mache ich Ihnen einen besseren Vorschlag«, sagt der Polizist. »Ihr Vater soll seine hunderttausend Dollar nehmen und hierherkommen. Dann können Sie ihn hier in aller Ruhe pflegen.«

»Nuna!«, sagt Moische. »Hab' ich gesagt, er ist alt, krank und gebrechlich, habe ich aber nicht gesagt, er ist dumm und blöd!«

Weißt Du, wie David den Moische trifft? Und ihn fragt:

»Nu, Moische, was machen Deine Söhne?«

»Was werden machen meine Söhne!? Ist der Älteste in der Sowjetunion, wird er helfen, den Kommunismus aufzubauen!«

»Schön, sehr schön. Und was macht der andere?«

»Nu, was wird er machen!? Ist er in der DDR, wird er helfen, den Sozialismus aufzubauen!«

»Schön, sehr schön, Moische. Sag, und was macht der Jüngste?«

»Nu, was wird er machen? Wird er sein in Israel, wird er dorten aufbauen den Sozialismus.«

»Moische! Biste meschigge!? Im eignen Land?!«

Man glaubt es kaum: Diese Witze sind fünfzehn, zwanzig Jahre alt und älter. Sie stammen nicht aus der Zeit der Solidarność.

Man müßte meinen, der polnische Virus, der nach zehnjähriger Latenz zu Beginn der achtziger Jahre wieder so vehement aufbrach, hätte sich in der DDR wenigstens in ein paar Witzen spiegeln sollen. Er tat es nicht. Mit Genugtuung beobachtet, anfangs sogar mit unverhohlener Sympathie bedacht, war er nicht stark genug für eine grenzübergreifende Infektion. Dazu waren die Abwehrkräfte viel zu stark. Und auf der Hut. Und die, die diesen Virus am meisten fürchten mußten, griffen (auch) zu dem Mittel des Witzes, um ihn zu bekämpfen.

Als in den siebziger Jahren der private Grenzverkehr zwischen der DDR und der Volksrepublik Polen eröffnet wurde, kamen Hunderttausende von Polen über das Land und deckten sich mit lange entbehrten Waren ein: Fleisch, Textilien, Schuhe . . . Mit diesen Hunderttausenden kamen auch Tausende von üblen Schiebern, die gezielt große Quantitäten einzelner Waren vom DDR-Markt wegkauften. Die DDR-Bevölkerung differenzierte kaum: Daß sie selber die ČSSR in gleicher Weise heimgesucht, mit Jauchewagen das billigere Benzin auf die heimatliche Scholle gebracht hatte, daß die polnischen Schieber nichts weiter taten als die DDR-Handwerker und DDR-Hökerer, die nicht nur Otto Normalverbraucher, sondern fast schon den Staat im Würgegriff hatten, während in Polen der Apparat direkt der kongeniale Kompagnon der Schieber war — all dies war bekannt, wurde aber nicht bewertet.

Bleibt dem Skeptiker eines unbeantwortet: Wenn die polnischen Schieber ihr Zeug aus der DDR holten — woher nahmen es dann die DDR-Handwerker und DDR-Hökerer? Aus dem Westen? Kaum. Da die Staatsführung begann, das beim Bürger üppig vorhandene Geld »abzuschöpfen«, indem sie die Preise mit einem kräftigen Mal-sehen-was-der-Markt-hergibt hochjubelte, tat es die aufstrebende Hökerer-Generation ebenfalls nach rein kapitalistischem Modell: durch die künstliche Verknappung eines ohnehin knappen Marktes.

Unter unserem Motto: Was ich heute kann besorgen, das verschiebe ich gleich morgen! wurden die Waren durch Aufkaufen (Bohrmaschinen, Autoreifen, Betonmischer etc.) oder durch nackten Diebstahl

(Ersatzteile, Baumaterialien etc.) in einen stark reduzierten Verbund von sehr privatem und privatimem Einzelhandel (Hökerer) kanalisiert, um dann, als Goldstaub, ein Mehrfaches des ohnehin hohen staatlichen Preises zu erzielen.

Honnie brachte es — unvergessen — auf den Punkt. Er sagte zum 10. Parteitag:

Aus unseren Betrieben ist noch viel mehr herauszuholen!

Recht hat er! Zumal, was die Handwerker betrifft. Diese können nicht nur unbeschadet selbstverknappte Raritäten verkaufen. Sie selber stellen eine anerkannte Spitzenrarität dar. Handwerk hat goldenen Boden. Und zwar doppelten, wenn nicht dreifachen. In der DDR jedenfalls.

Das Gros der Polen kam mit der Bahn und mit Reiseomnibussen. Der riesige Parkplatz neben dem Alex und die angrenzenden Straßen wurden diesen Bussen überlassen. Und das Gros der Polen kam mit Ressentiments und sah mit Mißtrauen und Verbitterung, daß die DDR-Deutschen, die angeblichen Brüder — immerhin Teil jenes Volkes, das Polen so grausames Leid angetan hatte — zwar das gleiche brüderliche System, aber keinesfalls die Armut mit ihm teilten.

Warum nennen sich die Sozialistischen Staaten nicht Freundesländer, sondern Bruderländer? — Man kann sich die Familie nicht aussuchen.

Die Ressentiments der Polen stießen auf keinerlei Verständnis, auf Gegenliebe schon gar nicht. Denn das war historisch geklärt und verinnerlicht: Nachfolgestaat und Erbe des Dritten Reiches ist die Bundesrepublik. Die DDR hatte — wenn schon — höchstens Seite an Seite mit der Roten Armee die Deutschen vom Faschismus befreit. Und nun diese Ressentiments! Im eigenen Lande.

Die sonst sehr gutmütigen DDR-Bürger wurden nach und nach sauer. Denn eines war klar: Wenn die DDR — selber eine Mangelgesell-

38

schaft — von einer noch größeren Mangelgesellschaft leer gekauft wird, würde **sie** eines Tages die größere Mangelgesellschaft sein.

Kannst Du mir den Wechselkurs von Złoti, Pfund und Dollar nennen? — Ein Dollar ist gleich ein Pfund Złoti.

Zu Beginn der Solidarność tauchte die zweite Abwandlung eines Satzes (wahrscheinlich von Clara Zetkin) auf.

Der Satz:
So wie wir heute arbeiten, so werden wir morgen leben.

1. Abwandlung; ca. 1978:
So wie wir gestern gearbeitet haben, so wollen wir heute leben.

(Diese Abwandlung bezog sich auf Honnies stereotype Parole: Wir können nur das ausgeben, was wir verdient haben — hätte er sich nur daran gehalten.)

2. Abwandlung; ca. Frühjahr 1982:
So wie wir heute arbeiten, werden die Polen morgen leben.

Dies bezog sich aber nicht mehr auf den Kaufrausch der Polen, sollte auch nicht ein Solidaritätsangebot sein. Es bezog sich auf die Furcht, die sozialistischen Staaten würden irgendwann und insgeheim — ähnlich wie nach 1968 für Prag — den polnischen Staat großzügig entschulden müssen. Das heißt, daß nicht nur die Polen, sondern auch die DDR-Bürger für Giereks korrupte Partei-Schlamperei bezahlen würden.
Zu dem Zeitpunkt war die offene Grenze zwischen den beiden Staaten schon längst für beide Seiten wieder dicht. Mit dem Argument, daß die Handelsbilanz durch die Privatpolen hoffnungslos ins Schleudern kommen würde, wurde aus Angst vor dem polnischen Virus dem DDR-Bürger das Ausland gesperrt. Etwas später übrigens

auch Ungarn (als undichte Stelle in der Mauer), so daß nur noch die ČSSR als private Reisemöglichkeit, und die auch nur bedingt, übrigblieb.

Kaum begannen sich in Polen die Dinge zugunsten der alten Kräfte zu entscheiden, tauchten in der DDR auf einmal Witze auf, die niemand behalten wollte. Faschistoide, chauvinistische Witze, die die Polen als faul darstellten, arbeitsscheu, parasitär, versoffen — kurz: als prädestiniert, einer morbiden Solidarność zuzulaufen. Diese Witze wurden nicht erzählt, sie wurden dokumentarisch weitergereicht: Sie kamen von oben, waren in Parteigremien lanciert worden.

Hatte es schon zum Kaufrausch der Polen keine Witze gegeben, so faßte sich jetzt alles an den Kopf: Die DDR war bislang frei gewesen von faschistoiden, populistischen Versuchungen. Die Witze wurden weitergegeben, bemerkt, aber nicht gemerkt. Ich habe, um diese Anti-Polen-Witze zu belegen, zig ehemalige und zig noch in der DDR lebende DDR-Bürger befragt: Ergebnis Null. Jeder weiß davon, niemand entsinnt sich mehr. Obwohl sonst bestimmte Klassiker Jahrzehnte im Gedächtnis bewahrt werden. Ich selber kann mich entsinnen, etwa zehn dieser Witze gehört zu haben, und kann nur noch zwei inhaltlich wiedergeben: Die Polen wollen ihr Staatswappen ändern. Statt des Adlers wird es jetzt ein Hamster. — In Polen gibt es keine Kartoffeln mehr. Weil die Polen daraus Wodka brennen — oder so ähnlich.

Bei allem Entsetzen hatte ich eine doppelte Genugtuung: einerseits, weil sie abgelehnt wurden. Andererseits widerlegten sie doch authentisch die These, die besten politischen Witze kämen aus dem Politbüro selber. So hätten sie's gerne gehabt. Und der Irrglaube daran war in der DDR allgemein. Natürlich, die Frage blieb uns immer offen: Wer eigentlich, verdammt, denkt sich all die guten Witze aus? Im Politbüro sah ich niemanden, der dazu auch nur annähernd die Verve hatte — Harry Tisch etwa, Kronprinz Krenz, Naumann? Grund genug hatten sie, am Genie des Volkes zu partizipieren, sich eitel und auch verklemmt mit ihm zu schmücken. Andererseits kannte ich auch die Witze, die unseren eigenen Kreisen entsprungen

40

waren. Und ich kannte auch viele Gags, die in der Partei kursierten, teilweise dort lanciert wurden. Sie waren von verblüffender Harmlosigkeit: Walter Ulbricht, mit dem niemand mehr Skat spielt. Weil er immer mauert.

Auf Titow bezogen oder abgewandelt auf den jeweils in Mode Geratenen: Ceauscescu wird der Führerschein entzogen. Weil er immer links blinkt und rechts überholt. (Gewagt, nicht wahr?)

Einen Witz von adäquater Nette hat mir ein Bonner Kraftfahrer erzählt: Der nächste Karneval findet übrigens in Ostberlin statt. Damit die Herren wieder einmal mit ihren Sekretärinnen tanzen können. (Nicht wahr: gewagt?)

Aber die Anti-Polen-Witze waren nicht von verschämter Kichrigkeit. Sie waren zielgerichteter, süffisanter Chauvinismus. Von einer Qualität, die in der DDR so hoch justitiabel ist, daß diese Witze nur mit höheren Weihen unverfolgt passieren konnten.

Waffenbrüderschaft

Was ist der Unterschied zwischen einer Fuhre Langholz und der Kulturpolitik der DDR? Bei einer Fuhre Langholz kommt erst das dicke Ende und **dann** die Rote Fahne.

Die Frösche kommen zum Uhu und beschweren sich, weil der Storch sie immer frißt.
»Hm«, sagt der Uhu, »der Storch ist so eine Art Stelzvogel, im Fliegen kann er nicht jagen. Also: Ihr müßt fliegen.«
Nach einer Weile kommen die Frösche wieder und beschweren sich wieder.
»Also, paßt mal auf!«, sagt der Uhu, »ich bin hier zuständig für die Linie. Die konkrete Ausführung müßt ihr Euch schon selber ausdenken!«

Dieser Witz parodiert einen Stalin-Satz: Wenn die Linie klar ist, entscheidet die Organisation alles. Und so war es auch bis in die siebziger Jahre. Partei und speziell die Jugendorganisation FDJ sahen sich als die großen Anreger, ausführen durften die anderen. Initiativen, Wettbewerb, Plan, politische Kampagnen hatten oft so unglaubliche Parameter, daß sie zwar nicht konkret umzusetzen, aber auf jeden Fall zu erfüllen waren. Es endete immer in falschen Berichten nach oben, in Schönfärberei. Und die Berichte wurden nicht nur nicht geprüft, es wurde geradezu erwartet, daß das Resultat der Aufgabe zu entsprechen habe, denn welcher Führer läßt sich schon nachsagen, die vorgegebene Linie sei falsch. Honnie machte sich 1972 mit der Parole der erfüllbaren Pläne beliebt, endete aber in der Skurrilität von aufgestelltem Plan, betrieblichem Gegenplan und persönlichem

Gegenplan, also der Korrektur der Korrektur einer Vorgabe. Wir paßten Brecht den Zeitläuften an:

Ja, mach nur einen Plan
Sei nur ein großes Licht
Und mach noch einen Gegenplan
Gehn tun se beide nicht . . .

Zum UNO-Jahr des Elefanten beschließt die UNO, daß jedes Land eine Arbeit über den Elefanten veröffentlicht. Großbritannien bringt ein dickes Buch heraus: Der Elefant und das Empire. Die USA bringen ein dickes Buch heraus: Der Elefant und seine globale Verwertung. Frankreich bringt ein schmales, ledergebundenes Büchlein mit Goldschnitt heraus: Das Liebesleben des Elefanten.
Die Sowjetunion bringt eine 12-bändige Enzyklopädie heraus: Die Rolle des Elefanten bei der Menschwerdung des Affen — seine Wechselwirkung auf die Menschheitsentwicklung, speziell der Geschichte unseres Jahrhunderts und seiner Revolutionen. Und in der DDR erscheint beim Dietz-Verlag eine Broschüre: Was wir von der Sowjetwissenschaft über den Elefanten lernen können.

Warum hat die DDR ein Kulturministerium? Aus demselben Grunde, aus dem die Schweiz ein Marineministerium hat.
(Dieser Witz erscheint zehn Jahre später in der Jerewan-Serie in zweiter Auflage . . .)

Kannst Du mir den Sozialistischen Realismus erklären? Nee!? Also paß auf: In der Sowjetunion soll ein verdienter Gebietssekretär gemalt werden. Der Gebietssekretär hat einen Buckel, eine verkrüppelte Hand, schielt und hinkt. Ein Maler wird geholt. Der malt den Gebietssekretär, so wie er ist. Mit Buckel, verkrüppelter Hand, schielend und hinkend. Das Bild ist fertig, und der Maler wird erschossen. Warum? Weil: Das Bild war platter Naturalismus. Ein anderer Maler wird geholt. Der malt den Gebietssekretär in aufrechter Haltung,

strahlenden Auges mit der ausgestreckten Hand in den Sonnenauf-
gang weisend. Der Maler wird erschossen. Warum? Wegen Schönfärberei. Ein dritter Maler wird geholt. Der malt den Gebietssekretär
und bekommt einen Leninorden. Warum? Er hat den Gebietssekretär
gemalt, wie er jagend in geduckter Haltung hinter einem Baum steht,
die Flinte an die Wange hält und zielend ein Auge zudrückt.
Und siehst Du: Das ist Sozialistischer Realismus.

Dazu eine spätere Variante:
Impressionismus ist, wenn der Maler malt, was er empfindet.
Expressionismus ist, wenn der Maler malt, was er sieht.
Sozialistischer Realismus ist, wenn der Maler malt, was er hört.

Ein Mann liegt am Nacktbadestrand und liest das ND. Die Sonne
scheint so warm und er wird müde, und im Einschlafen bedeckt er
seine Blöße mit dem ND.
Zwei junge Frauen kommen den Strand entlang und sehen den
Schlafenden im warmen Sand in der warmen Sonne liegen.
Da sagt die eine im Vorübergehen zu der anderen: »Zum ersten Mal·
sehe ich, daß etwas Vernünftiges im ND steht.«

»Mein Mann ist Vetrenär.«
»Was!? So 'n alter!?«
»Nee! Der ißt bloß keen Fleisch!«

Ein Stotterer bewirbt sich beim Berliner Rundfunk als Sprecher. Als er
vom Rundfunk kommt, fragt ihn sein Freund:
»Na, hab'n se Dich jenommen?«
»Ne-ne-nenee!«, antwortet der Stotterer, »ick bebebinnnnich in in in
inner Pa-Pa-Partei!«

Ich kenne nur zwei — wie soll man sie nennen? — Positiv-Witze, die
immer wieder erzählt wurden. Der Stotterer ist Nummer eins. Nummer zwei ist, tja, Walter Ulbricht gewidmet . . .

Ein Amerikaner, ein Franzose und ein Russe sind von Kannibalen gefangen worden und sind am Pfahl gefesselt. Das Feuer brennt, der Kessel fängt schon langsam an zu brodeln. Der Häuptling kommt und bindet die drei ab.

»Bevor Ihr in den Kessel kommt«, sagt der Häuptling, »habt Ihr jeder noch einen Wunsch offen.«

Der Amerikaner sagt: »Ich hätte noch gerne einmal in meinem Leben eine Coca-Cola!« — »Gemacht«, sagt der Häuptling und gibt dem Amerikaner eine Coca-Cola.

»Ich«, sagt der Franzose, »möchte gerne meiner Frau einen Abschiedsbrief schreiben.« — »Gemacht«, sagt der Häuptling und ruft nach Papier und Kugelschreiber.

»Und was möchtest Du?« fragt der Häuptling den Russen.

»Ich möchte«, sagt der Russe, »ich möchte noch einmal so einen richtigen Tritt in den Hintern!«

»Was möchtest Du!?«

»Na, so einen richtigen Tritt in den Hintern!«

Der Häuptling findet den Wunsch zwar ziemlich befremdlich, sagt aber: »Gemacht! Du bekommst einen Tritt in den Hintern!«

Der Häuptling stellt sich hinter den Russen und tritt mit aller Kraft zu. Und während der Russe nach vorn stürzt, holt er unter seinem Mantel eine Kalaschnikow hervor und schießt alle Kannibalen um.

»Das hast Du ja wirklich prima gemacht«, sagen der Franzose und der Amerikaner zu dem Russen, »aber kannst Du uns nicht erklären, warum Du nicht gleich geschossen hast!?«

»Nu«, antwortet der Russe, »russki tschelowjek nix aggressor! — russischer Mensch kein Angreifer.«

In der Sowjetunion wird ein neues Flugzeug erprobt. Doch jedesmal, bevor der Prototyp sich überhaupt vom Boden lösen kann, brechen die Flügel genau am Rumpf ab. Jedesmal wird der ganze Apparat neu berechnet, jedesmal sind die Berechnungen fehlerfrei, jedesmal brechen die Flügel am Rumpf ab. Da wird in der DDR angefragt, ob man nicht eine Lösung für das Problem finden könne.

Ein Ingenieur aus Dresden kommt nach zwei Wochen angereist, geht in den Hangar, wo der Prototyp steht, und schließt sich ein. Nach einer Stunde kommt er wieder heraus und läßt die Maschine aufs Rollfeld bringen.

Das Flugzeug startet, hebt ab, ohne daß die Flügel brechen. Das Flugzeug fliegt, und es landet, die Flügel bleiben dran.

»Maladjez! Prachtkerl!«, rufen die sowjetischen Techniker und fragen: »Wie haben Sie das bloß gemacht!?«

»Ganz einfach«, sagt der Ingenieur aus Dresden, »ich habe die Tragflächen parallel zum Rumpf perforiert — Loch neben Loch: System Klopapier, reißt garantiert nie an der Stelle, wo's reißen soll!«

Dieser Witz geht darauf zurück, daß die Sowjetunion — nicht etwa als Bündnispartner, sondern als Siegermacht — mit allen Mitteln ein Wiedererstehen des (zivilen) Flugzeugbaus in der jungen DDR abblockte und sich damit die kommerzielle Lufthoheit, das Monopol, sicherte. Und natürlich war es eine subtil-stimmige Einschätzung des ach-so-knappen und ach-so-rauhen Klopapiers. Die DDR stand im Gegensatz zu westeuropäischen Ländern an der Wiege des modernen Recycling. Doch gemessen am Klopapier, muß das die Testserie gewesen sein, in der zur notwendigen Stabilisierung kaum zerfaserte afrikanische Akazie und einheimisches Dornengestrüpp in die Heckselmasse gegeben wurde . . . (und wird!)

Eine Katze geht auf die Jagd und fängt eine Maus.

»Ach, Katze«, wispelt die Maus, »Du bist so groß und stark, und ich kann Dir nicht mehr entfliehen! Gewähre mir einen letzten Wunsch.«

Die Katze hält die Maus zwischen ihren Pfoten, und die Maus ist sehr appetitlich anzuschauen.

»Ich tanze doch so gerne«, wispelt die Maus, »laß mich — für Dich — noch einmal tanzen!«

»Einverstanden«, sagt die Katze, und die Maus tanzt und tanzt und tanzt. Und tanzt. Und die Katze schaut zu und wird müde, schließt

allmählich die Augen und schläft ein. Und kaum ist die Katze eingeschlafen, flitzt die Maus in ihr Mauseloch.
Nach einer Weile wacht die Katze auf, öffnet die Augen und sieht,
daß die Maus verschwunden ist.
»Scheiß Volkskunst«, sagt die Katze sauer.

Dieser Witz ist heute noch so berühmt, daß er allenthalben noch als
Kürzel benutzt wird. Es gibt Situationen, da brauchst du nur »Scheiß
Volkskunst« zu sagen, und alles, aber auch alles ist gesagt: politische
Meetings, die durch künstlerische Darbietungen manifest werden,
Feiertage, die durch Rezitationen angereichert sind . . .

Der nächste Witz ist einem alten VW-Witz abgekupfert, allerdings ist
der Aspekt verändert: von mehr oder weniger anti-feminin zu mehr
pro-proletarisch und anti-hochherrschaftlich.

Ein großer schwarzer Tatra fährt über Land. Plötzlich stockt der Motor, und der Wagen fährt nicht mehr weiter. Eine Frau steigt aus und
sieht nach. Da kommt aus der Ferne ein zweiter schwarzer Tatra an-
gefahren und stoppt. Eine andere Frau steigt aus.
»Stell Dir mal vor, meine Beste«, sagt die erste, »plötzlich fährt das
Auto nicht mehr weiter. Ich gehe nach vorne, ich gucke nach, und
weißt Du was!? Ich habe meinen Motor unterwegs verloren!«
»Das macht nichts«, sagt die andere, »ich habe hinten einen Ersatz-
motor drin.«

Kommt der Pfarrer zum Lehrer.
»Kannst Du mir am Mittwoch« fragt der Pfarrer, »für den Konfirma-
tionsunterricht wieder zwanzig Stühle ausborgen?«
»Nee«, sagt der Lehrer, »das geht nich!«
»Also paß uff!«, sagt der Pfarrer, »wenn Du mir nicht die Stühle
borgst, dann schreib' ick Dir ooch nich die Rede für die nächste Parteiversammlung!«

Variante, 25 Jahre später:

Kommunismus ist, wenn der Parteisekretär zum Pfarrer sagt: »Kannste mich am Mittwoch trauen?«, und der Pfarrer antwortet: »Nee, da kann ick nich. Da habe ich Kampfgruppe.«

»Was ist das?«

.»Na, was soll das schon sein? Ein Äskulap-Stab mit der Schlange drum? Nein? Ein mißlungenes Dollar-Symbol?«

»Paß auf, das ist doch ganz einfach:

Das ist die konsequente Linie der Partei auf dem Weg zum Sozialismus.

Und das sind die, die darum schwanken.

In der sibirischen Eisenbahn sitzen vier Männer. Und wie sie so sitzen, nach ein, zwei, drei Tagen, fragt der eine Mann sein Gegenüber: »Brüderchen, was hast Du gemacht?«

»Ich war **gegen** Popow«, sagt der gegenüber.

»Und? Was hast Du bekommen?«

»Habe ich bekommen fünf Jahre.«

»Fünf Jahre!« Der Mann nickt und schweigt. Nach ein, zwei Tagen fragt der Mann sein anderes Gegenüber: »Und Du, Brüderchen, was hast Du gemacht?«

»Ich war **für** Popow«, sagt das andere Gegenüber.

»Und? Was hast Du bekommen?«

»Habe ich bekommen fünf Jahre.«

»Fünf Jahre!«, nickt der Mann und schweigt. Es vergehen wieder ein, zwei Tage. Da fragt der Mann seinen Nebenmann: »Und Du, Brüderchen, was hast Du gemacht?«

»Nichts habe ich gemacht, fünf Jahre habe ich bekommen. Ich **bin** Popow.«

Wieder vergehen ein, zwei Tage. Schließlich fragt Popow: »Und Du, Brüderchen, warum stellst du so viele Fragen?«

»Ich«, sagt der Mann, »war Euer Richter.«

In der Serie »Wie man's macht, man macht es falsch« gab es nicht nur Popow. Es gab zum Beispiel den, in dem alle verhaftet werden: der fünf Minuten zu spät kommt als Saboteur; der fünf Minuten zu früh kommt als Agent; der pünktlich zur Arbeit kommt als Dieb, weil er unter dem Verdacht steht, die Uhr gestohlen zu haben — oder so. Wirklich berühmt — und bis heute bekannt geblieben — ist Popow, der eine merkwürdige Parallele zu den damals gängigen Cowboy-Witzen bietet, in denen der eine von einem der beiden anderen abgeknallt wird, weil er zuviel redet — nachdem er pro Tag eine einsilbige Bemerkung gemacht hat etc. Dem Stilisten räume ich auch gerne ein, daß die echte Popow-Version nur die drei Antipoden, aber nicht den Richter beinhaltet. Doch einmal dazugeschummelt, traue ich mich nicht, ihn auszulassen.

Was die Durchschnittsgeschwindigkeit der Eisenbahn anbelangt, liegt die DDR in Europa an zweiter Stelle. Gleich hinter Albanien. Von hinten gezählt.

Das Politbüro der KPdSU beschließt, die Generalität der Roten Armee auf ihre Tauglichkeit zu testen. Ein ganz alter General, so ein richtiger Budjonni-Reiter mit riesigem Schnurrbart, Tscherkessenmütze auf'm Kopf, Säbel an der Seite, wird ins Prüfungszimmer gerufen. Nach zehn Minuten kommt er wieder raus.

»Na, wie war's?« fragen die anderen.

»Eigentlich ganz einfach. Die erste Aufgabe lautete: Verwandeln Sie durch zwei Linien ein Rechteck in vier gleichstarke Dreiecke. Das

schaffst Du nie, habe ich mir gedacht. Aber dann habe ich erst einmal ein Rechteck aufgemalt.

Die zweite Aufgabe lautete: Multiplizieren Sie das Einmaleins mit der
Neun. Also, habe ich mir gesagt, die erste Aufgabe brauchst Du erst
gar nicht anzufangen, und habe sie durchgestrichen. Ganz dick.

Dann habe ich das Einmaleins mit der Neun aufgeschrieben. So:

$1 \times 9 =$	$6 \times 9 =$
$2 \times 9 =$	$7 \times 9 =$
$3 \times 9 =$	$8 \times 9 =$
$4 \times 9 =$	$9 \times 9 =$
$5 \times 9 =$	$10 \times 9 =$

Dann habe ich mir die Aufgabe angesehen. Ein mal neun, das ist klar,
ergibt neun. Habe ich hingeschrieben. Zehn mal neun, auch klar, ergibt neunzig. Habe ich hingeschrieben. Dann habe ich gezählt, wie
viele Aufgaben ich insgesamt gelöst habe. Eins, zwei. Zwei also.

$1 \times 9 = \mathbf{9}$	$6 \times 9 =$
$2 \times 9 =$	$7 \times 9 =$
$3 \times 9 =$	$8 \times 9 =$
$4 \times 9 =$	$9 \times 9 =$
$5 \times 9 =$	$10 \times 9 = \mathbf{90}$

Dann habe ich von oben gezählt, wie viele Lösungen fehlen: eins,
zwei, drei, vier, fünf, sechs, sieben, acht. Das habe ich hingeschrieben.

$6 \times 9 = 5$ $1 \times 9 = 9$
$7 \times 9 = 6$ $2 \times 9 = 1$
$8 \times 9 = 7$ $3 \times 9 = 2$
$9 \times 9 = 8$ $4 \times 9 = 3$
$10 \times 9 = 90$ $5 \times 9 = 4$

Dann habe ich die Gegenprobe gemacht und von unten angefangen: eins, zwei, drei, vier, fünf, sechs, sieben, acht. Acht Fehler.

$1 \times 9 = 9$ $6 \times 9 = 54$
$2 \times 9 = 18$ $7 \times 9 = 63$
$3 \times 9 = 27$ $8 \times 9 = 72$
$4 \times 9 = 36$ $9 \times 9 = 81$
$5 \times 9 = 45$ $10 \times 9 = 90$

Dann habe ich den Zettel abgegeben. Und was soll ich Euch sagen: Bestanden!

Eine Stecknadel und eine Nähnadel laufen die Stalinallee entlang. »Psst!«, sagt die Stecknadel, »hinter uns läuft eine Sicherheitsnadel.«

Ein Bauer kommt zum Pfarrer.
»Pfarrer«, sagt der Bauer, »was ist denn das mit dem dialektisch-historischen Materialismus. Erklär mir das mal so richtig!«
»Das ist so: — eine einfache Geschichte soll es Dir veranschaulichen — zwei Reisende kommen in eine Herberge. Der eine ist sauber, der andere ist schmutzig. Welcher von ihnen wird sich also waschen?«
Antwortet der Bauer: »Na, der Schmutzige.«
»Nein«, erwidert der Pfarrer, »der Saubere, denn der ist an die Sauberkeit gewöhnt. Verstehst Du jetzt den dialektisch-historischen Materialismus?«
»Nein.«

»Also noch einmal: Zwei Reisende kommen in eine Herberge. Der eine ist sauber, der andere ist schmutzig. Welcher wird sich also waschen?«

»Der Saubere!«

»Nein«, erwidert der Pfarrer, »der Schmutzige, denn der Schmutzige hat es nötig. Der Saubere ist ja ohnehin sauber. Verstehst Du jetzt den dialektisch-historischen Materialismus?«

»Nein.«

»Noch einmal: Zwei Reisende kommen in eine Herberge. Der eine ist sauber, der andere ist schmutzig. Welcher wird sich waschen?«

»Keiner.«

»Nein, beide. Denn der Saubere ist an die Sauberkeit gewöhnt, und der Schmutzige hat es nötig. Verstehst Du jetzt den dialektisch-historischen Materialismus?«

»Nein.«

»Noch mal: Zwei Reisende kommen in eine Herberge. Der eine ist sauber, der andere schmutzig. Wer wäscht sich?«

»Beide!«

»Nein, keiner! Denn der Saubere ist ohnehin sauber, und dem Schmutzigen ist nicht das Bedürfnis nach Sauberkeit erweckt worden. Verstehst Du **jetzt** den dialektisch-historischen Materialismus?«

»Wie soll ich denn verstehen, wenn Sie die Geschichte jedes Mal anders erzählen!?«

»Das«, sagt der Pfarrer, »ist es ja eben.«

Unbeirrbar den einmal eingeschlagenen Weg ...

Preise den Preis

Czernik, ein Bekannter, Schriftsteller von Beruf, stöhnte, als er den Literaturpreis des Freien Deutschen Gewerkschaftsbundes erhielt: Das Geld schon, das Geld schon — aber die Schande, die Schande! Dieses Wort haben wir zum geflügelten gemacht. Es wurde fast so bekannt wie jenes Preisausschreiben des Senders Jerewan für den besten eingesandten Witz. Erster Preis: zwanzig Jahre.

Fünf Manuskriptseiten, heute unglaublich vergilbt, waren vor exakt zwanzig Jahren der Beginn dieser Sammlung — Jerewan-Witze meist, auch der Pfarrer/Bauer-Dialog von der Seite zuvor. Doch dann, ich entsinne mich gut, habe ich abrupt aufgehört, weil mir klar wurde, daß eine solche Sammlung auch ihren Preis haben könnte — zehn bis zwölf Jahre . . .

Ich nahm mir vor, im Kopfe weiterzusammeln — eingedenk des Bruders Heine, dessen Konterbande die deutschen Zöllner nicht habhaft werden konnten. Ich nahm mir vor und hätte wohl vergessen, wenn nicht der Anstoß von außen gekommen wäre: Der Ärger war's, den ich empfand, auf Tourneen durch den restlich-westlichen deutschen Sprachraum immer wieder auf diese merkwürdigen Mutanten zu stoßen, die da als »Flüsterwitze« oder »neuester Witz aus der Ostzone« in unwidersprochener Kolportage dem uninformierten Westleser mit einem Grau-in-Grau-Bild die Sicht auf mein meistgeliebtes und heißgehaßtes Staatswesen verzerrten. Dabei ist der politische Witz in der DDR als das wohl farbigste, genaueste, wenn auch respektloseste Zeitdokument regelrecht der Maßstab, an dem man die offizielle, offiziöse DDR verifizieren kann, und in seiner originalen Erscheinung am wenigsten geeignet, den Kalten Krieg mit den Mitteln des politischen Witzes zu perpetuieren.

55

Alles kann man dem DDR-Witz unterjubeln: Er ist böse, hart, gnadenlos, nüchtern, ohne Illusion und ohne Schwülstigkeit. Ihm fehlt auch jegliches resignative Moment. Er ist unbekümmert, ungerecht, hat ein gewisses Maß an Chauvinismus, ist selten derb, in nur wenigen Fällen obzön, pornographisch schon gar nicht. Aber eines war er gewiß nie: zynisch oder antikommunistisch. Und er war lange ohne Haß. Denn der Kommunismus, dieser hohe Anspruch, war in seiner Diskrepanz zur Realität viel zu schnell zu jenem Ideal, zu jenem Ethos entrückt, an dem sich die Wirklichkeit messen lassen mußte.
Der Preis war der Schmerz, die Bitternis, in dieser Diskrepanz zwischen Anspruch und Wirklichkeit empfindliche Niederlagen selbst für das geringste Engagement, für das Normale, Alltägliche einstecken zu müssen: Hatte sich doch diese Diskrepanz auf einen latenten, mal stärker, mal schwächer ausgeprägten Widerspruch zwischen System und Regime reduziert. Ein Regime, das zwar die Selbstverwirklichung des bewußt in der Gesellschaft lebenden Individuums als Zweck des Systems proklamierte, in der gesellschaftlichen Wirklichkeit aber nichts weiter als bedingslose Subordination brauchen konnte. Nur: Das jeweilige Konkretum, **worin** sich ein der Partei treu ergebener Genosse treu zu ergeben habe, blieb im lähmenden Halbdunkel des Begriffs, des Treue-Synonyms »Parteilichkeit«, verborgen.
Individualität und spontanes Handeln, und sei es nur, um das Vernünftige, sogar das von der Partei Geforderte, mit Dampf durchzusetzen, brachte immer nur Beulen, die, zugegeben, meist bald verheilten, um dann doch der nächsten und übernächsten Beule Platz zu machen. So entstand millionenfach ein DDR-typisches Individuum, das sich mit gewiefter Kämpfernatur zwischen Resignation und Partisanenmethode schwankend durch Alltagsbewältigung und gesellschaftlichen Widerspruch zu schlängeln wußte. Innerlich selber zerrissen, hatte dieses Individuum ein Bewußtsein für das System entwickelt, dem das Regime nicht mehr gewachsen sein konnte: Genau das ist die Grundlage des politischen Witzes in der DDR.
Dieser Witz ist keine Anklage; dieser Witz ist keine Kompensation —

er ist die selbstbewußte Artikulation moralischer, vor allem ideologischer Überlegenheit.

Und: Wenigstens im Witz formuliert sich über weite Strecken nachträglich, was durch den Revolutionsimport der Roten Armee übergangen worden war: die Selbstbestimmung gesellschaftlicher Inhalte, ja, und sogar die Verteidigung dieser Inhalte, als das Regime feste begann, tragende Säulen dieser geschenkten Revolution abzutragen . . .

Dem politisch hochgebildeten DDR-Bürger, der — selbst wenn er es nicht wollte — soviel assimiliert hatte, daß es zur Verinnerlichung des genannten hohen Ideals reichte, ist der politische Witz die einzige, dafür aber totale Öffentlichkeit, die von ihm souverän gestaltete Publizität der vox populi für den real dahinexistierenden Sozialismus.

Was ist der Unterschied zwischen Kommunismus und Sozialismus?
Ganz einfach: Laut Brecht, wie er in dem Gedicht »Lob des Kommunismus« sagt, ist Kommunismus das Einfache, das schwer zu machen ist.
Und Sozialismus ist das Schwere, das einfach nicht zu machen ist.

Fest verbunden

Da bleibt uns nischt Walter Ulbricht

Walter Ulbricht besucht ein Heizkraftwerk. Der Betriebsleiter führt ihn durchs Gelände und zeigt auf die riesigen Aggregate.
»Genosse Ulbricht«, sagt er, »wir können mit Stolz behaupten, daß wir diese Anlage schon seit drei Jahren ohne Kesselstein fahren!«
»Nun ja, Genossen«, antwortet Walter, »ich glaube, diesen Engpaß werden wir auch noch überwinden!«

Ulbricht besucht ein Radiowerk. Der Technische Direktor führt ihm einen Lautsprecher vor.
»Genosse Ulbricht«, sagt der Technische Direktor, »es ist uns gelungen, einen Lautsprecher herzustellen, der einen zwanzigprozentigen Klirrfaktor hat!«
»So, so«, antwortet Walter, »und ich hoffe, beim nächsten Mal, wenn ich wiederkomme, haben wir den Klirrfaktor bei 100 Prozent!«

Walter Ulbricht zu Baron von Ardennen: »Also, Genosse Professor, hier haben wir also das Atom, das kleinste spaltbare Teilchen der Materie — können Sie mir folgen, ju? Können Sie mir folgen?!«

Vorsicht! Die nächste Geschichte ist ebenso erfunden wie die vorige. Und hat ebensowenig stattgefunden wie das Treffen Kohl/Honecker. Der Witz kursierte, noch bevor Finnland die DDR anerkannt hatte, Stoph war noch Ministerpräsident. (ca. 1969)

Beim Staatsbankett in Helsinki sitzen Kekkonen, Walter Ulbricht und Willi Stoph an der Tafel.
»Guck mal, Walter«, sagt Stoph, »guck Dir mal das Besteck an! Allet

59

Silber. Was meinst Du, ob ich mir so 'n kleinen Löffel als Andenken mitnehme?«

»Laß das!«, sagt Walterchen. »Du bist hier als Repräsentant der Deutschen Demokratischen Republik, und als ein solcher hast Du Dich auch zu verhalten, ju!?«

Nach einer Weile sieht Walterchen, wie Willi sich einen kleinen Löffel oben in die Jackentasche steckt. Als das Bankett dem Ende zugeht, ergreift Walterchen das Wort.

»Also, ich möchte mal so sagen, ju!«, sagt Walterchen, »das war ein sehr schöner Empfang, ju!? Und als kleines Dankeschön möchte ich Ihnen ein kleines Kunststück aus meiner Heimat vorführen, ju!? Also, Sie sehen hier, ich nehme diesen kleinen Löffel und stecke ihn hier oben in meine Tasche. Schon ist er verschwunden, und: schwubbdi-wupp! hole ich ihn hier aus der Tasche des Genossen Stoph wieder hervor — hier ist er!«

Anfang der fünfziger Jahre, als Ulbricht Fraktionsbildungen im Zentralkomitee bekämpfte:

Ein westlicher Journalist interviewt Walter Ulbricht: »Mich würde interessieren, was machen Sie mit Ihren politischen Gegnern?«

Walter Ulbricht öffnet das Fenster und sagt: »Das ist wie mit den Krähen da draußen auf dem Baum. Ich öffne das Fenster, klatsche einmal in die Hände, und alle fliegen weg!«

»Mag sein«, entgegnet der Journalist, »aber sie kommen doch alle wieder!«

»Schon. Aber alle auf einem anderen Ast! Ju?!«

Empfang bei der englischen Königin. Das Diplomatische Korps ist anwesend. Es gibt Erbsen. Da entfährt der Königin eine Peinlichkeit. Alles erstarrt. Der französische Botschafter erhebt sich, verbeugt sich vor der Königin und sagt:

»Euer Majestät, es ist mir sehr peinlich, entschuldigen Sie bitte.« Und setzt sich.

Nach einer Weile passiert der Königin das nämliche. Wieder erstarrt alles, wieder erhebt sich der französische Botschafter:
»Majestät, es ist mir außerordentlich peinlich. Bitte, entschuldigen Sie mich.« Und geht.
Nach einer Weile widerfährt es der Königin von neuem. Da hört man in die peinliche Stille eine Stimme sagen:
»Diesen und die nächsten drei übernimmt die DDR! Ju?!«

Walter Ulbricht und Mao Tse-tung unterhalten sich über Innenpolitik.
»Und wie viele politische Feinde«, fragt Walter Ulbricht, »haben Sie in der Volksrepublik China?«
»Es werden so ungefähr siebzehn Millionen sein«, antwortet Mao Tse-tung.
»Ju, das ist ungefähr wie bei uns!«

Beim Treffen der Kommunistischen Parteien in Moskau. Die Delegierten setzen sich um den runden Tisch. Auf jedem der Stühle liegt eine Reißzwecke. Der sowjetische Delegierte sieht die Reißzwecke, fragt sich, was das soll, nimmt die Reißzwecke, wirft sie weg und setzt sich. Der chinesische Delegierte setzt sich, fährt wieder hoch, läßt sich aber nichts anmerken.
»Eine sowjetische Provokation!«, denkt er und steckt sich die Reißzwecke als Beweisstück ein. Walter Ulbricht setzt sich, verzieht schmerzerfüllt das Gesicht, rückt aber nicht von der Stelle.
»Die sowjetischen Genossen«, denkt Walter, »werden sich was dabei gedacht haben!« Und bleibt sitzen.

Von diesem Witz gibt es zig Varianten, die bekannteste geht so: Der DDR-Vertreter setzt sich auf die Reißzwecke und denkt, die Partei wird sich was dabei gedacht haben . . .

Zwei Männer treffen sich in einer einsamen Waldhütte.
»Was ich Dich schon immer mal fragen wollte«, sagt der eine, »was hältst Du eigentlich von Walter Ulbricht?«

»Und Du willst wirklich ganz offen meine Meinung hören?« fragt der andere und sieht in jeden Winkel der Hütte, guckt vor die Tür, geht einmal um die Hütte und zerrt den Frager schließlich in den Wald. Und wie sie so ein Stück gelaufen sind, einen kleinen Sumpf passiert haben und nach einem dichten Dickicht in eine abgelegene Kiesgrube geraten, sagt der andere:
»Also, meine ganz persönliche Meinung: Ich finde Walterchen gar nicht **so** schlecht!«

Lotte und Walterchen im Bett. Lotte flüstert: »Walter, schläfst Du schon?«
Walter: »Nein, ja!?«

Walter kommt ins Schlafzimmer, holt aus der Brusttasche seines Nachthemdes einen Zettel, entfaltet ihn, liest:
»Gute Nacht, Lotte, ju?!«

Ein Meister der freien Rede war er nicht. Mehrere Nachweise darüber blieben unvergessen, einige wurden zur Legende variiert. Unvergleichlich-tragisches Fernseherlebnis war die Live-Sendung von einem Besuch Ulbrichts in einem Kindergarten. Die Kamera blieb gnadenlos auf Walterchen gerichtet, und er wußte minutenlang nichts weiter, als immer die gleichen Worte zu wiederholen: Also, ihr seid die Kinder, und das hier ist euer Kindergarten, und ihr seid also die Kinder, und das hier ist euer schöner Kindergarten, und ihr seid . . . etc. pp. — etwa drei, vier Minuten lang, bis ihn jemand am Arm nahm und von den Kindern und aus der Kamera führte. Überliefert, aber leicht verfälscht, ist seine rhetorische Schlußfolgerung bei einer Studentenversammlung, als er dem Forum entgegenschleuderte: ». . . denn schließlich QUO VADIS: Wem nützt es?« Das wurde so oft variiert, daß das Original verblaßte und Variationen die Oberhand bekamen: Cui bono — worum geht es!? Oder: Cui bono — wohin gehst du, ju!? etc. pp.
Obwohl der tatsächliche Text seiner Rede auf dem damaligen 11. Ple-

num in dieser Passage unsäglich und lebensfern war, ist mein letztes Beispiel reine Legende, ja, eigentlich mehr eine Schauspieletüde in Sachen Ulbricht, der Vortragende hat einen Zettel in der Hand, imitiert die Stimme: ». . . also auf unserem Plenum haben wir uns auch mit Kultur befaßt. Und da haben wir auch über das Orchester te be-a-tels gesprochen, besonders über ihren Musiktitel (liest ab) Yeeh, Yeeh — (Ulbricht wendet den Zettel) Yeeh!«
(Ein wenig frivol vielleicht, wenn man bedenkt, daß dies das Biermann-Plenum war und wie viele neben Biermann abgeschossen wurden und als Plenumsgeschädigte herumliefen — dennoch: summarisch war die Unterstellung signifikant . . .)
Lotte, prüde First Lady, Leiterin der Frauenkommission des Zentralkomitees, die als graue Kultureminenz kräftig bei der Vorbereitung des 11. Plenums mitgerührt hatte und die von Gamal Abd el Nasser mit dem Orden der Perfekten Frau dekoriert worden war — ganz zum Gaudi des Staatsvolkes — Lotte brachte es immerhin auf mehrere Figurationen im Witz, blieb aber auch dort, als was sie immer galt: eine strebsame Person mit Stocklocken.

Die Frau von Grotewohl ruft bei Lotte an:
»Duhu, Lotte, kommste mit, wir gehen heute zu Figaros Hochzeit?«
»Ach«, sagt Lotte, »ich weiß nicht. Ich kenne doch die Leute gar nicht.«

Walter fährt mit Lotte über Land. Plötzlich sieht er am Straßenrand eine alte Frau, die sich nach Pferdeäpfeln bückt. Walterchen läßt anhalten und geht hin.
»Gun Dach«, sagt Walter Ulbricht, »ich bin der Staatsratsvorsitzende und habe mal eine Frage: Was machen Sie'n da?«
»Pferdeäppel aufheben«, antwortet die alte Frau.
»Und was machen Sie'n damit?«
»Die tue ich auf meine Erdbeeren.«
»Siehst Du, Lotte«, sagt Walter, »es muß nicht immer Schlagsahne sein.«

Walter zu Lotte: »Mir reomieren heute nach Dresden, ju?!«
Lotte: »Was machen wir?«
Walter zu Lotte: »Du hast es doch selbst gesagt: Mir reomieren heute nach Dresden!«
Lotte: »Was soll ich gesagt haben?!«
Walter zu Lotte: »Also, daß mir heute nach Dresden reo mieren!«
Lotte: »Aber Walter! Du bringst alles durcheinander. Ich habe gesagt: Mir farenheit nach Dresden!«

Anfrage an den Sender Jerewan:
»Was wäre eigentlich passiert, wenn statt Kennedy Ulbricht erschossen worden wäre?«
Antwort: »Eine etwas abwegige Frage. Aber eines ist gewiß: Onassis hätte die Witwe nicht geheiratet.«

Zwei Arbeiter sitzen auf dem Dach des Staatsratsgebäudes und machen Frühstück. Der eine packt seine Stullen aus, zerknüllt das Stullenpapier und wirft es vom Dach. Wie der Zufall es will, fliegt es durchs offene Fenster direkt auf den Schreibtisch von Walter Ulbricht. Ulbricht läßt die Arbeiter rufen und erkundigt sich nach dem Besitzer des Stullenpapiers. Dann glättet er das Stullenpapier sehr sorgfältig, legt es zusammen und sagt:
»Also Kollege, hier hast Du Dein Stullenpapier wieder, ju!? Ich finde, man muß es ja nicht gleich wegwerfen. Das ist nur Vergeudung, ju!? Du kannst es genausogut morgen noch einmal als Stullenpapier benutzen. Ich drücke mich doch verständlich aus?!«
Wieder oben angekommen, legt der Arbeiter das zusammengefaltete Papier in seine Stullenbüchse.
»Ein Glück«, sagt der andere, »daß Du kein Klopapier runtergeworfen hast.«

Ich will nicht so tun, als wüßte ich nicht, daß es da auch noch andere Ulbricht-Witze gab: Zum Beispiel den, der sich auf seinen Bart bezog, von dem strikt behauptet wurde, er verdecke eine Narbe, die er sich im Bordell zugezogen habe. Der Ulbricht-Zickenbart stammt aus der gleichen Zeit, da die Schweine immer fetter, immer größer wurden, um dann Genossen zu werden; da Hitler in den Nil fiel, um als Nasser (Gamal Abd el) wieder herauszukommen.

Ulbricht, und ich will auch nicht so tun, als ob ich ihn in irgendeiner Weise gemocht hätte — mein einziges Bedauern war der Verlust meines geeignetsten Imitationssujets — Ulbricht war Hauptangriffspunkt der westlichen Propaganda. Als Zielscheibe bot sein Fistelsächsisch die günstige Äußerlichkeit, die Position des Parteichefs war das Lohnende. Wilhelm Pieck, erster Präsident der DDR, stand viel zu hoch in der Gunst des DDR-Volks: Angriffe auf Pieck hätten die DDR nur konsolidiert. Ähnlich beim moderaten Ministerpräsidenten Otto Grotewohl, später auch bei Willi Stoph: Sie alle waren sehr geachtet. Der einzige ohne Charisma mußte dran glauben: Ulbricht. Der Karrierefunktionär, der schon in Moskau seine konkurrenzlose Rückkehr aus der Kaderschutzemigration geplant hatte.

Die Anti-Ulbricht/Anti-DDR-Propaganda fiel Anfang der fünfziger Jahre auf den fruchtbaren Boden frischen Hasses: Hatte doch die junge DDR schon vor ihrer Gründung allein Hunderttausende von belasteten Beamten entlassen, sich lieber der grotesken Roßkur der in sechs Wochen ausgebildeten Neulehrer unterzogen, als sich länger mit dem nur anders, aber ebenfalls fragwürdig qualifizierten Ballast der Vergangenheit aufzuhalten — es war in vielem die Stunde Null in der tatsächlich glaubwürdig nullsten Potenz.

Zickenbartwitze und Propaganda — geboren aus einer und derselben Absicht — waren meist von schwungvoller Hysterie, ungenau und formal anspruchslos, so daß ich hier — und im gesamten Buch — versucht war, nur Belege wiederzugeben, die auch als Witz bestehen können und deren Reiz nicht die bloße Diffamierung ist.

Spannender ist die Wandlung, die Ulbricht in seiner Benennung erfuhr: Im Witz und auch im Gespräch debütierte er als Ulbricht, genoß später die volle Nennung seines Namens Walter Ulbricht, wurde zu Walter, und endete — als man schon sagte: ach Gottelchen-nee, nu hatta wieder fünf Stunden lang geredet, wie der alte Mann das nur durchhält!, und als man anfing, sich Sorgen um die Nachfolger zu machen, und feststellte — was ja eine Qualität ist — Honecker wäre nun der letzte, der gesessen hätte, alle anderen wären schon Eigenprodukt — endete schließlich also als Walterchen, und nichts konnte diese Verklärung von ihm nehmen.

Honecker erfuhr fast ein Umgekehrtes: Erich, Honnie, Erich Honekker, Honecker — obwohl die Reihe noch nicht ganz stabilisiert ist, es noch Rückgriffe auf Vorformen gibt, allerdings sich auch schon das abwertende Ete durchsetzt. Von den sowjetischen Chefs erfuhr nur Breschnew die Ehre eines Diminutivs: Breschie.

Solche Benennungen sind politischer Seismograph, und merkwürdigerweise hat es nur der einst so gehaßte Ulbricht zu einer Koseform gebracht: Walterchen.

Walterchen besucht eine Kirche. Plötzlich macht es hinter ihm: »Psst!« und nochmals: »Psst!«
Walterchen dreht sich um. Hinter ihm steht ein großes Kruzifix.
»Psst!«, macht Jesus, »psst! Du, Walter, zieh mir mal den Nagel aussem Fuß, damit ick Dir ordentlich in'n Hintern treten kann!«

Und dennoch:

Es lebe der Fernsehturm mit Walter Ulbricht an der Spitze!

Übungsstück für Satzmelodie und Rhythmik — geübt wird der Satz mit einer Pause hinter dem zweiten Oder oder ohne Pause:

Es gibt nur eine Alternative: entweder oder oder oder oder, ja!?

Walter Ulbricht ist zum Ski-Urlaub nach Suhl unterwegs. Da überholt ihn mit hohem Tempo ein Auto mit dem Zeichen GB, kurz darauf noch ein Auto mit dem Zeichen GB.
»Tüchtig, tüchtig«, sagt Walterchen, »die Geheimbolizei ist auch unterwegs.«

66

»Das ist nicht die Geheimpolizei«, sagt der Fahrer, »ich glaube, das sind Genossen aus Bulgarien.«

»Also«, sagt Walter, »bei Bulgarischen Genossen steht immer BG dran. Hier aber steht GB dran.«

»Und das bedeutet nicht Kriminalpolizei«, sagt Lotte, »und auch nicht Keheimpolizei, das bedeutet Gönigreich Persien!«

Nur ganz wenige DDR-Witze nutzen den sächsischen Dialekt, und obwohl es starke Aversionen der DDR-Nordlichter gegen das südliche Hauptvolk gibt, kenne ich im Polit-Witz keine gegenseitigen Chauvinismen. Für den Unkundigen bleibt es jedoch immer ein Geheimnis, wann P oder B hart oder weich gesprochen werden — Papagei zu Babagei, Bäcker zu Päcker, Besuch zu Pesuch wird. Ebenso verhält es sich mit G und K, die in einer ständigen Konsonantenverschiebung zueinander stehen. (Geenischreisch Preußen ist eine Variante zu Königreich Persien . . .) Wobei der Sachse, wenn er Persien (mit mindestens drei Ps) sagt, garantiert an ein B denkt.

Der letzte Ulbricht-Witz, 1973:
Bei Honecker im Arbeitszimmer klingelt das Telefon. Honecker hebt ab. Es ist niemand dran. Das Telefon klingelt wieder. Honecker hebt ab. Keiner dran, nur ein Knacken. Das Telefon klingelt wieder. Honecker wartet ab, läßt noch ein paar Mal klingeln, greift dann blitzschnell zum Hörer:
»Also paß auf, Walter«, sagt Honecker, »wenn Du mich hier weiter bei der Arbeit störst, dann lasse ich Dir auch noch das Telefon abschalten!«

Im selben Jahr, Walter war gerade zum Ehrensekretär der SED entthront worden, war Honnie für den Volksmund noch eine Unperson und wurde wie alle anderen Unpersonen nur per Nachnamen zitiert. Der letzte Ulbricht-Witz ist auch der erste Honecker-Witz, aber Honnie hatte noch Jahre vor sich, um sich für den Witz N° 2 zu profilieren — den mit dem Generalissimus . . .

Klares Bekenntnis

dasi ehdi esta asi!

(Achtung: Dechiffriertest! Nur wer den Code knackt, darf weiterlesen oder libysche Funksprüche auswerten . . .)

»Kannst Du mir sagen, was der Unterschied is, zwischen diesem Bier und Walter Ulbricht?! — Ich sag's Dir: Das Bier ist flüssig, Ulbricht ist überflüssig!«
»Aber kannst Du mir sagen, was der Unterschied is, zwischen Dir und diesem Bier? — Siehst du: Das Bier, das bleibt hier, aber Du, Du kommst mit!«
Nach zwei Jahren treffen sich die beiden am selben Ort wieder.
»Duhu?«, beginnt diesmal der andere, »kannst Du mir sagen, was issen der Unterschied zwischen Walter Ulbricht und einem Ziegenbock?«
»Nee, nee, hör uff!«, antwortet der andere, »ick mache da jetzt keene Unterschiede mehr!«

Der CIA fängt einen bulgarischen Spion. Wochenlang wird er verhört. Immer wieder wird er gefragt, wie die Parole heißt. Der bulgarische Spion sagt kein Wort. Alle Mittel werden angewandt: Chemikalien, Lügendetektor, Folter. Der bulgarische Spion gibt die Parole nicht preis. Irgendwann geben es die CIA-Spezialisten auf, und der bulgarische Spion wird zum Austausch freigegeben. Zu Hause wird er in Ehren empfangen und erhält einen Orden.
»Nun erzähl mal, wie ist es Dir beim CIA ergangen?« wollen seine Kollegen wissen.
»Jungs!«, sagt der bulgarische Spion, »also die Boys vom CIA, das sind knallharte Kerls! Ich kann Euch nur eins raten: Lernt die Parole!«

Aus der Serie: Liebe Westoma, hier ist vielleicht was los . . .
Liebe Oma!
Vielen Dank für Dein Paket mit den vielen Büchsen. Es ist gut angekommen. Habe alles gefunden und sofort im Garten vergraben, auch die Munition . . .
Zwei Wochen später:
So, liebe Oma!
Der ganze Garten ist umgegraben, jetzt kannst Du mir die Blumenzwiebeln schicken.

Ein Mann fährt in der Straßenbahn und liest eine Partitur. Plötzlich wird er verhaftet, mitgenommen und verhört:
»Erklären Sie uns, was ist das für eine Geheimschrift?«
»Das sind Noten, ganz einfach Noten.«
»Und die, die lesen Sie?«
»Ja.«
»Einfach so?«
»Ja.«
»Und was steht da drin?«
»Das kann man nicht sagen: es sind Noten!«
»Gut. Und wer hat die Noten geschrieben?«
»Aber ich sage es Ihnen doch schon seit Tagen: Bach, Johann Sebastian Bach hat das geschrieben!«
»Ach, hören Sie auf! Den Bach haben wir schon vernommen — Bach hat gestanden!«

Ein Mann kommt zum Ministerium für Staatssicherheit und will angestellt werden.
»Ja, da kann nicht jeder einfach so zu uns kommen und sich bewerben«, sagt man ihm, »gehen Sie mal wieder nach Hause.«
Am nächsten Tag kommt der Mann wieder. Auch am übernächsten Tag und am überübernächsten Tag.
»Nun sagen Sie uns nur«, wird der Mann am vierten Tag gefragt, »warum wollen Sie denn unbedingt bei uns arbeiten?«

70

»Weil ich«, sagt der Mann, »ganz besonders geeignet bin.«
»Das werden wir prüfen! Kommen Sie mit in den Saal. Hier findet eine Gewerkschaftsversammlung statt. Wenn Sie uns hinterher sagen können, wer von den Leuten hier ein Agent ist, nehmen wir Sie.«
Die Versammlung ist zu Ende. »Der, der und der«, sagt der Mann. Die drei werden verhaftet, und tatsächlich, es stellt sich heraus, die drei sind Agenten.
»Mensch! Wie haben Sie das bloß gemacht?!« wird der Mann gefragt. »Wie haben Sie die bloß erkannt!?«
»Ganz einfach«, sagt der Mann, »der Klassenfeind schläft nie!«

Idiome: Sag mal, du weeßt dit?
       Klar weeß ick dit. Mit Sicherheit.
       Und du kommst ooch?
       Klar komm' ick. Mit Sicherheit.
       Kommste wieder alleene?
       Mit Sicherheit komm' ick wieder alleene. (etc. pp.)

Das Ministerium des Innern und das Ministerium für Staatssicherheit werden beauftragt, anläßlich der Diplomatenjagd — dünngedruckt: es handelt sich hierbei nicht um eine Jagd auf, sondern **für** Diplomaten — vier intakte Wildschweine als Strecke des Staatsratsvorsitzenden vorzulegen. Nirgends können die Genossen ein Wildschwein auftreiben — in den Schlachthäusern sind alle schon halbiert und ausgenommen; kein einziges Jagdkollektiv hat gerade ein frischerlegtes zur Verfügung. Der Tag der Jagd rückt heran, kein Wildschwein ist gefunden.
Am Tage der Jagd, Erich und das Diplomatische Korps sind schon im Wald, hört man hinter einem Baum ein paar Gestalten auf einen tiefgefrorenen Hasen einschlagen: »Gibst Du endlich zu, daß Du ein Wildschwein bist! Gib doch endlich zu, daß Du ein Wildschwein bist!«

Von diesem Witz gibt es mehrere Varianten, die alle auf Honnies unbändige Freude zurückgehen, als des Landes beste Flinte zu gelten. Und alle gehen auf das unwiderruflich zur Wahrheit verdichtete Gerücht zurück, daß die Hasen, die da als Strecke herumliegen, ganz steif seien. Vor Kälte. Da tiefgefroren.

Wie auch immer: Hier ist die Stelle, wo der DDR-Bürger sich erstmals für seinen Boß schämte. Würde Honnie dem diplomatischen Protokoll lediglich Genüge leisten, es wirkte schon altväterlich genug, aber daß der Landesvater des Frühjahrs — und auch noch westfernsehweit — sich zum eitlen Duodezfürsten aufplustert, läßt den nicht gerade verwöhnten Untertanen vor Peinlichkeit in den Boden versinken, der Schritt vom Fragwürdigen zum Lächerlichen ist getan.

Unvergessen jene Fernsehsendung 1983 mit Gaus, Stoph und Honecker, in der der Gesandte lächerliche vier rapportierte, der Ministerpräsident sieben und der Fürst sich des Doppelten o. ä. an über den Haufen geschossener Karnickel erfreute und die Strecke der Waidgenossen zu ridicülisieren beliebte, während man zünftig fürs Thema Weltfrieden den Jägermeister kredenzte und ein spritzig Halali blasen ließ . . .

Sowjet so gut (Zitat Ende)

Breschnew bekommt Besuch von seiner Mutter. Er zeigt ihr den Kreml, sein Arbeitszimmer, seine Wohnung, sein Auto. Er fliegt mit seiner Mutter nach Sotschi, zeigt ihr die Datsche am Strand, zeigt ihr den Tennisplatz, den Swimmingpool.
»Sag mal, Junge«, sagt Breschnews Mutter schließlich, »das ist ja alles ganz schön und gut. Aber was machst Du, wenn die Roten mal eines Tages wiederkommen?«

Eine Arbeiterin aus einer Fabrik bei Irkutsk schreibt an Leonid Breschnew: »Hochverehrter Genosse Generalsekretär! Ich arbeite in einer Fabrik, die Samoware herstellt. Ich selber besitze keinen Samowar, und seit einigen Jahren gibt es bei uns nirgends welche zu kaufen. Hier in Sibirien ist es besonders im Winter sehr kalt, und ich möchte mir doch gerne einen richtigen Tee brühen.«
Nach einiger Zeit kommt ein Antwortbrief: »Liebe Jekatharina Petrowna! Sie werden verstehen, ich kann die Betriebsleitung nicht einfach anweisen, Ihnen einen Samowar aus der laufenden Produktion zu verkaufen. Aber wir alle wissen doch, wie das so gemacht wird: Da nehmen Sie mal hier ein überschüssiges Teil mit nach Hause, da nehmen Sie mal dort ein überschüssiges Teil mit nach Hause, und irgendwann haben Sie dann Ihren Samowar.«
Kurz darauf kommt folgender Brief: »Aber lieber Leonid Iljitsch, das habe ich doch schon getan! Nur leider, jedesmal, wenn ich dann zu Hause mit der Montage fertig war, kam eine SS-20 dabei heraus.«

Ein jakutischer Fischer kommt nach Moskau zum Parteitag und wird, weil er der Weitestangereiste ist, von Leonid Breschnew empfangen.

»Nun, Genosse«, sagt Breschnew, »geht es Ihnen gut in Moskau, haben Sie einen Wunsch?«

»Genosse Generalsekretär«, sagt der Jakute, »ich möchte gerne wissen, wann kommt der Kommunismus?«

»Nu, hast du nicht zugehört beim Parteitag und hast Du nicht mitgeschrieben?«

»Doch, Genosse Generalsekretär. Aber ich möchte es von Dir persönlich, vielleicht mit einem schönen Bild gesagt bekommen.«

»Nu, paß auf«, sagt Breschnew und geht zum Fenster, »da unten steht mein Tschaika — (8 Zylinder, 180 PS) — und daneben steht der Tschaika vom Genossen Kossygin. Und wenn **Dein** Tschaika dazwischen steht, dann haben wir Kommunismus.«

Wieder in Jakutien, wird der Fischer von seinen Landsleuten bedrängt, die wissen wollen, wann der Kommunismus kommt.

»Also, paßt auf«, sagt der Fischer, »dort, vor der Tür, stehen meine Bastschuhe. Daneben stehen die Bastschuhe von meiner Frau. Und wenn in der Mitte die Bastschuhe vom Genossen Breschnew stehen, dann haben wir Kommunismus.«

Der nächste Witz ist eine Sottise, absolut. Breschnew, auf frühen Fotos ein schöner, stolzer Dschigit, war in der DDR beliebt, zumindest geachtet. Politmetaphern wie der Russische Bär und was dergleichen an Verfeinerungen alter Messer-im-Maul-Chauvinismen sind, speziell Karikaturen mit gar keiner Nase und viel Falten unter irren Brauen, gerade man zwei Schweinsäuglein freigebend — es war den Leuten fremd. Im Gegensatz zu anderen Sozialistischen Ländern war in der DDR das Verhältnis zu den Russen unverkrampft. (Ausgenommen Bulgarien vielleicht.)

Was aber dem DDR-Witz immer behagte, war, eine Situation oder eine Person von Zeit zu Zeit derart zu überzeichnen, daß der Witz sich verselbständigte: die Verselbständigung zum Witz wurde.

Breschnew und Helmut Schmidt besuchen in Bonn das Museum. In der Vitrine steht ein Wolf.

»Ah, den kenne ich!«, sagt Breschnew, »das ist ein sibirischer Wolf, wie er bei uns in Sibirien vorkommt!«

»Entschuldigen Sie, Herr Generalsekretär«, widerspricht ihm Helmut Schmidt, »das ist ein ganz gewöhnlicher deutscher Wolf, der in Deutschland schon längst ausgestorben ist.«

»Aber den kenne ich!«, sagt Breschnew. »Das ist ein Hase, ein sibirischer Schneehase, wie er bei uns in Sibirien vorkommt!«

»Herr Generalsekretär, es tut mir leid«, sagt Schmidt, »das ist ein ganz gewöhnlicher europäischer Feldhase.«

»Aber den hier, den kenne ich! Das ist ein Yeti!«

»Herr Generalsekretär, ich muß Sie enttäuschen. Das ist ein venezianischer Spiegel aus dem 17. Jahrhundert.«

Breschnew und Carter machen mit dem Hubschrauber einen Rundflug über New York. Breschnew ist begeistert.

»Eine sehr, sehr schöne Stadt. Aber sag, Jimmy, da unten, die schwarzen Flecken, was ist das?«

»Das«, sagt Jimmy Carter, »das ist unser Problem, das sind die Slums.«

Ein Jahr später. Carter besucht die Sowjetunion und macht mit Breschnew einen Rundflug über Moskau. Carter ist begeistert.

»Also Leonid«, sagt Carter, »eine sehr schöne Stadt, und die Menschen sind so freundlich und aufmerksam sind sie. Selbst jetzt, wo wir hier oben kreisen, gucken die Leute mit Ferngläsern hinter uns her!«

»Jimmy«, sagt Breschnew, »das sind keine Ferngläser, sondern Wodkaflaschen. Das ist **unser** Problem.«

Breschnew besucht die Baikal-Amur-Magistrale und hält eine Rede vor den Bauarbeitern:

»Liebe Matrosen! . . .«

Sein Adjutant zupft ihn am Ärmel: »Genosse Generalsekretär! . . .«

»Liebe Matrosen! . . .«

Der Adjutant unterbricht wieder: »Genosse Generalsekretär! . . .«

»Ja, was ist denn!?«
»Genosse Generalsekretär! Matrosen sind doch **so** gestreift und nicht **so** gestreift!«

Der diensthabende Offizier kommt zu Breschnew:
»Genosse Generalsekretär! Auf dem Roten Platz sind mindestens zweihunderttausend Leute! Und es werden immer mehr!«
»Das werden wahrscheinlich Touristen sein.«
»Genosse Generalsekretär! Sie sitzen alle auf dem Pflaster!«
»Sie wollen sich wahrscheinlich ausruhn.«
»Aber sie haben alle ihr Essen ausgepackt!«
Breschnew geht ans Fenster, sieht hinaus: »Sie werden wahrscheinlich Hunger haben. Was ist daran so schlimm?!«
»Nichts! Aber sie essen mit Stäbchen!«

Breschnew kommt in den Himmel.
»Du, Petrus!«, sagt Breschnew zu Petrus, »ich möchte aber in den Osthimmel.«
»Einverstanden«, sagt Petrus. »Aber zum Essen kommste rüber. Für einen alleine koch' ich nicht.«

Diesen Witz gibt es auch mit Honecker. Da ist er vielleicht noch origineller. Dennoch ist er mit Breschnew aufgekommen.
Wie weit DDR-Witze verbreitet sind, beweist, daß mir Carlo Colombaioni, der italienische Clown, an mehreren Abenden sein DDR-Witz-Repertoire ausgebreitet hat. Manchmal waren die Personagen abgewandelt, die Handlung auch stärker ausgeschmückt, meist aber waren die etwa 50, 60 Witze sehr nahe am Original. Hier ein Exemplar, an das ich mich ohne C. C. nicht erinnert hätte:

Breschnew kommt in den Himmel und pocht an die Himmelspforte. Petrus, ziemlich mißgelaunt, guckt hervor: »Ja, bitte!?«
»Ich bin Leonid Iljitsch Breschnew und bitte um Einlaß.«
»Die Papiere bitte!«

»Na, ich bin so, wie ich bin. Ich habe keine Papiere mitbekommen.«

»Dann tut es mir leid«, sagt Petrus, »ich kann hier nur Leute reinlassen, von denen ich weiß, wer sie sind.« Und will die Luke wieder schließen.

»Moment mal!«, sagt Breschnew. »Ich habe das ganz deutlich gesehen! Du läßt doch auch andere Leute ohne Papiere rein?!«

»Jaaa«, sagt Petrus, »die können es beweisen, wer sie sind.«

»Wie denn?« fragt Breschnew.

»Da war zum Beispiel Mozart«, sagt Petrus, »der hat gefragt, ob es hier ein Klavier gibt, da haben wir ihm ein Klavier gegeben. Er hat gespielt und da war alles klar. Oder Maria Callas. Die hat einfach gesungen. Oder Pablo Picasso. Der hat ein Stück Kreide genommen und hat etwas an die Pforte gemalt . . .«

»Aber bitte!« fragt Breschnew, »wer waren dieser Mozart, diese Maria Callas, dieser Picasso?!«

»Danke«, sagt Petrus und öffnet die Pforte. »Der Beweis ist erbracht — Du bist Breschnew.«

Diesen Witz gibt es auch mit Honecker und Günter Mittag oder Willi Stoph, die nach einem Unfall in den Himmel kommen . . .

Auf der Eisenbahn. Irgendwo in der Sowjetunion. Der Zug hält auf freier Strecke. Ein Reisender fragt den Schaffner, was passiert sei.

»Ach, nischt weiter, wir tauschen nur die Lokomotive.«

»Ach so, gegen eine andere?«

»Nee, gegen Wodka.«

Welcher Nationalität waren Adam und Eva? Natürlich waren sie Russen: Sie hatten nichts anzuziehen. Sie hatten kein Haus. Und sie glaubten sich im Paradies.

Zwischen China und der Sowjetunion bricht der Krieg aus. Am ersten Tag machen die Russen eine Million Kriegsgefangene, am zweiten Tag machen sie zwei Millionen Kriegsgefangene, am dritten Tag ma-

chen sie drei Millionen Kriegsgefangene und so fort. Nach zehn Tagen klingelt in Moskau das Telefon, und eine Stimme sagt:
»Na, versteht Ihr jetzt?!«

Mao Tse-tung will die Oder-Neiße-Grenze anerkennen. Als seine Westgrenze.

Als sich die chinesischen und die sowjetischen Truppen in den mongolischen Steppen zur Großen Schlacht gegenüberstehen und die Fanfare zum Angriff ertönt, spalten sich plötzlich über dem Schlachtfeld die Wolken, und über dem Schlachtfeld und über den Wolken erscheint Karl Marx und ruft mit donnernder Stimme:
»Proletarier aller Länder! Geht auseinander!«
(Variante: Vertragt Euch wieder!)

Ein Passant beobachtet folgende Situation: Da ist ein Mann; der Mann buddelt auf dem Gehsteig ein tiefes Loch. Kaum ist er damit fertig, schüttet ein zweiter Mann das Loch wieder zu. Das wiederholt sich. Der Erste buddelt, der Zweite schüttet zu. Schließlich geht der Passant hin und fragt:
»Ich sehe eine ganze Weile zu. Ich verstehe den Zweck nicht. Was machen Sie da?«
»Wir pflanzen Bäume.«
»Sie pflanzen Bäume? Ich sehe nur, der Erste buddelt ein Loch, der Zweite schüttet es zu.«
»Nee, nee. Sie sehen dit falsch. Der Erste, der buddelt 'n Loch. Der **Dritte**, der schüttet es wieder zu. Der Zweite, **der** pflanzt den Baum. Aber der is die Woche nich da. Der is krank.«

Bei diesem Witz ist deutlich am Sprachdiktus und an der Wortwahl zu erkennen, daß es sich hier um einen SU-Import-Witz handelt. Zumindest der Anfang wirkt wie eine interlineare Übersetzung aus dem Russischen. Viele SU-Witze, die in der DDR kursieren, debütieren als reine Importe und werden erst durch längere Adaption zum Lehnwitz und damit zum integralen Bestandteil des DDR-Witz-Schatzes. Das Phänomen scheint zu sein, daß es im sozialistischen Lager nur zwischen der Sowjetunion und der DDR einen nennenswerten Austausch an politischem Witz gibt. Vielleicht ist es auch gar keines.

Nikita Sergejewitsch Chruschtschow besucht die Vereinigten Staaten von Amerika. Er wird von J. F. Kennedy an die Niagarafälle geführt. »Na!?«, sagt Kennedy, »was sagen Sie dazu?!«
»Das ist ja furchtbar«, sagt Chruschtschow zu Kennedy, »wirklich furchtbar. Aber ich habe eben mit meinen Begleitern gesprochen. In fünf Wochen, glaub' ich, mit unseren Spezialisten, ist der Schaden behoben.«

»Sehen Sie«, sagt Chruschtschow zu Tschou En-lai, »der Unterschied zwischen uns beiden liegt darin, daß ich der Sohn eines armen Bauern bin und Sie, Sie sind der Sohn eines reichen Gutsbesitzers.«
»Dennoch«, sagt Tschou En-lai, »dennoch verbindet uns auch was.«
»Was sollte uns verbinden?!«
»Wir haben«, sagt Tschou En-lai, »**beide** unsere Klasse verraten.«

Kennedy und Chruschtschow wollen wissen, wie die Menschheit im Jahre 2000 leben wird.
»Wir haben da einen neuen, hochmodernen Großrechner«, sagt John F. Kennedy zu Chruschtschow, »den füttern wir einfach mit allen unseren Daten . . .«
Kennedy und Chruschtschow füttern alle ihre Daten ein, drücken am Schluß auf den Knopf, und aus dem Rechner kommen zwei kleine Zettel heraus. Kennedy nimmt seinen Zettel, liest und versteckt ihn. Chruschtschow nimmt seinen, guckt rauf und versteckt ihn.
»Nu, komm«, sagt Chruschtschow, »sag mir, was auf Deinem Zettel steht!«
Kennedy, nach einigem Zögern: »Im Jahre 2000 hat der Kommunismus auf der ganzen Welt gesiegt. Die Erde wird kommunistisch sein. So, und nun lies Du mal vor, was auf Deinem Zettel steht.«

Nikita druckst, hält den Zettel hinter seinen Rücken.

»Das ist nicht fair, Nikita! Es war ausgemacht, daß jeder seinen Zettel vorliest.«

»Da, bitte!«, sagt Chruschtschow ungehalten und gibt Kennedy den Zettel. »Oder kannst Du etwa chinesisch lesen?!«

Chruschtschow und Kennedy unterhalten sich über das Rentenalter.

»Tja«, sagt Kennedy, »ich werde mich ins Auto setzen, über meine Farm fahren und mir die Rinder ansehen.«

»Und ich«, sagt Chruschtschow, »ich werde ausgiebig frühstücken, mich auf mein Fahrrad setzen und durch mein geliebtes Rußland fahren.«

»Schön, schön«, sagt Kennedy, »und was machen Sie am Nachmittag?«

Stalin hinterläßt als politisches Testament seinem Nachfolger drei verschlossene Geheimbriefe, die nur in ausweglosen Situationen geöffnet werden dürfen.

Während der Kuba-Krise geht Chruschtschow an den Tresor und öffnet den ersten Brief. Darin steht:

        Schiebe alles auf mich. Stalin.

Kennedy wird ermordet. Chruschtschow öffnet den zweiten Brief. Darin steht:

        Schiebe alles auf die Amerikaner. Stalin.

Chruschtschow verliert seine Mehrheit im Politbüro. Da öffnet Chruschtschow den dritten Brief. Darin steht:

        Jetzt bist Du dran, Deine drei Briefe zu schreiben. Stalin.

(Quelle ebenfalls Carlo Colombaioni. Ich erinnere mich, daß ich eine Version ohne direkte Anlässe wie Kuba-Krise kannte. Da hieß es auch im zweiten Brief: Schiebe alles auf die anderen . . .)

Reagan und Gorbatschow unterhalten sich über ihre Besitzungen.

»Wenn ich meine Farm vom einen Ende bis zum anderen besichti-

gen will«, sagt Reagan, »setze ich mich in mein Auto und fahre drei volle Tage.«
»Und wenn ich meine Datsche besichtigen will«, erwidert Gorbatschow, »setze ich mich in mein Auto und fahre drei volle Wochen!«
»Ja, ja«, seufzt Reagan, »solche Autos hatten wir früher auch.«

Ära Gorbatschow: Früher, bei Parteiversammlungen, wurden, wenn der Sekretär den Raum betrat, die Marx-Engels-Lenin-Bücher in die Schublade unter den Tisch gelegt und die Wodkaflaschen hervorgeholt. Heute ist es umgekehrt.

Gorbatschow, der Mineralsekretär.

Ära Tschernjenkow: Was sind die ersten vier Programmpunkte auf dem nächsten Parteitag der KPdSU? 1. Hereintragen des Präsidiums. 2. Synchronisation der Herzschrittmacher. 3. Reanimation. 4. Absingen des Liedes »Wir sind die Junge Garde des Proletariats«.

Ein Korrespondent der Prawda besucht die Tschuktschenhalbinsel und trifft dort einen ganz alten, alten Tschuktschen.
»Guten Tag«, sagt der Korrespondent. »Ich komme von der Prawda. Ich schreibe eine Reportage über das Leben der Tschuktschen. Können Sie mir sagen, wie alt Sie sind?«
»Zweiundneunzig Jahre«, antwortet der Tschuktsche.
»Dann haben Sie ja noch die Zeit vor der Revolution erlebt! Können Sie unseren Lesern sagen, wie es Ihnen in der Zarenzeit ergangen ist?«
»Wir kannten nur zwei Gefühle«, sagt der alte Tschuktsche, »Hunger und Kälte.«
»Ein sehr griffiges Bild! Ein sehr griffiges Bild!«, sagt der Korrespondent. »Vielleicht können Sie mit einem ebenso großartigen Bild auch Ihr heutiges Leben beschreiben?«
»Heute«, sagt der alte Tschuktsche, »kennen wir drei Gefühle: Hunger, Kälte und Dankbarkeit.«

Ein Tschuktsche kommt mit seiner Frau nach Moskau und geht mit ihr ins Warenhaus GUM. Plötzlich ist seine Frau nicht mehr da. Er sucht und sucht. Und kann in der Menschenmenge seine Frau nicht finden. Schließlich geht er zu einem Polizisten.
»Ja, wie sieht denn Ihre Frau aus?« fragt der Polizist.
Der Tschuktsche zuckt die Achseln.
»Bürger, Sie müssen doch Ihre Frau beschreiben können!?«
Melancholisch schüttelt der Tschuktsche den Kopf.
»Also, passen Sie mal auf«, sagt der Polizist, »meine Frau zum Beispiel ist groß gewachsen, hat langes, blondes Haar, braune Augen, hochgezogene Augenbrauen, schlanke Hände, eine kleine Nase und eine große Büste . . .«
»Wissen Sie was«, sagt der Tschuktsche, »dann suchen wir doch lieber Ihre Frau.«

Der erste Delegierte der Tschuktschenhalbinsel für die Parteihochschule trifft in Moskau ein. Er wird auf seine Vorkenntnisse geprüft:
»Bitte, Genosse, sagen Sie uns, wer war Karl Marx, wer war Friedrich Engels?«
Achselzucken.
»Können Sie uns sagen, wer Lenin war? — Oder Stalin?«
Keine Antwort. Der Vorsitzende der Prüfungskommission greift zum Telefon, ruft den Parteisekretär des Autonomen Gebietes der Tschuktschen an: »Sagt mal, wen habt Ihr uns da geschickt?! Der kennt ja niemanden! Nicht mal Lenin oder Stalin!«
»Wir können«, ertönt es am anderen Ende, »gar nicht verstehen, warum ihr Euch in Moskau so aufregt. Das ist doch ganz normal: Ihr habt Eure Bekannten und wir, wir haben unsere Bekannten.«

Ein Mann spielt Balalaika. Auf der Straße. Immer nur auf einer Saite. Und immer nur einen Ton.
»Du, sag mal« fragt ihn ein Vorübergehender, »warum spielst Du nur immer den einen Ton und immer nur auf der einen Saite? Die Balalaika hat doch drei Saiten. Alle anderen spielen auf drei Saiten!«

»Tja«, sagt der Mann, »die anderen, das sind ja auch alles Suchende, aber ich, ich habe gefunden!«

Eine amerikanische Delegation besucht die Sowjetunion. Sie kommt zu einer großen Fabrik. Vor der Fabrik steht ein Auto. Die Amerikaner fragen: »Und wem gehört die große Fabrik?«
»Nu! Den Arbeitern.«
»Und wem gehört das kleine Auto davor?«
»Nu! Dem Direktor.«
»Komisch, bei uns ist es genau umgekehrt!«

Eine amerikanische Delegation besucht die Moskauer Metro.
»Wir sind sehr beeindruckt«, sagt ein Amerikaner, »aber Ihr habt uns erzählt, die Metro fährt im Abstand von einer Minute. Es sind schon vier Minuten vergangen, und immer noch ist kein Zug eingefahren?!«
»Na und«, antwortet der Betreuer, »und was macht Ihr mit Euern Negern?!«

Eine amerikanische Delegation wird einen Kolchos besuchen.
»Genossen«, sagt der Vorsitzende, »wir wollen, daß der Besuch der amerikanischen Delegation ein voller Erfolg wird, und die Amerikaner sollen sich wie zu Hause fühlen. Ich schlage vor, daß wir in das Kulturprogramm Striptease aufnehmen. Fragt sich nur, wer sie macht. Nina kommt nicht in Frage. Nina hat ein Verhältnis mit einem aus dem Nachbarkolchos. Olga kommt nicht in Frage. Olga hat in der letzten Zeit nicht gut gearbeitet. Natascha käme in Frage!«, entscheidet der Vorsitzende.
Die Amerikaner kommen, sehen sich alles an. Nachdem die Amerikaner fort sind, wird der Besuch ausgewertet.
»Genossen«, sagt der Vorsitzende, »die Freunde vom anderen Kontinent haben das Besuchsprogramm mit Begeisterung aufgenommen. Nur, ich weiß nicht, ich weiß nicht, bei der Striptease machten sie so seltsame Gesichter. Ich weiß nicht, vielleicht hat sich unsere Natascha nicht genug angestrengt . . .«

Ein alter Kolchosnik steht auf:
»Also auf Natascha lasse ich nichts kommen! Schließlich hat sie vierzig Jahre Parteierfahrung hinter sich.«

Eine japanische Delegation besucht in Ostankino bei Moskau die Studiokomplexe des Sowjetischen Fernsehens. Nach fünf Stunden Besichtigung sagt der Leiter der Delegation:
»Ihr Museum ist sehr interessant. Wir würden aber auch gerne sehen, wo Sie heute produzieren.«

Natürlich hat dieser Witz einen chauvinistischen Touch. Zumal in Ostankino ein 540-Meter-Fernsehturm zumindest von der sowjetischen Kunst des Turmbauens kündet.
Aber die sowjetische Wissenschaft und Technik hat es in der DDR wirklich nicht einfach, denn das Sagenhafte der Stalinzeit wirkt bis heute noch nach: Was aber auch die Sowjetmenschen, speziell die Russen, alles erfunden hatten! Die Rakete, das Flugzeug, die Landwirtschaft, den Waldschutzstreifen, die Pädagogik, die großen Äpfel und Birnen, die Farben Lindgrün und Lindblau, von Lindrosa gar nicht zu reden, die Medizin und die Mathematik zumal.
Alles, die Wahrheit und die Dichtung, wurde zu einem populär-wissenschaftlichen Propagandapotpourri verrührt, das wahrscheinlich völlig ungenießbar gewesen wäre, hätte man nicht so herrlich darüber lachen können. So, wie die filmischen Heldenepen der Fünfziger bis heute noch angerufen werden, wenn eine Sache ganz besonders dicke kommt:

Das gibt es ja in keinem Dreiteiligen!

(der Zusatz Russenfilm wurde im Laufe der Zeit wegrationalisiert), so mußte selbst der barocke russische Universalgelehrte, Namenspatron der Moskauer Universität — 1953 als die größte der Welt gegründet — herhalten: Lomonossow, der Erfinder des Wassers. Oder: Tschaikowski, der Erfinder des Teehandels. (tschai, russ., türk.: Tee)

84

Die Erfinderserie war sehr umfangreich und hatte durchaus apolitische und auch rein ferklige Komponenten.

Nachhaltiger noch als die Wissenschafts- und Technikpropaganda war die Produktionspropaganda. Ständig schwappten kampagnenartig irgendwelche Methoden aus der Sowjetunion herüber, nach denen, bei deren Befolgung, besonders neu und besonders effektiv zu produzieren war.

Jahrelang geisterte zum Beispiel die Mamai-Methode durch die DDR, ohne daß heute noch jemand sagen könnte, um was es sich da überhaupt gehandelt habe, geschweige denn, wer Mamai gewesen war.

Selbstverständlich gab es auch DDR-Protagonisten. Für die Presse aufbereitete Werktätige, wie der berühmte Peter Kast, der Ende der Sechziger gegen das Mittelmaß — was immer es damals auch war — gekämpft hat. Oder in der Frühgeschichte der DDR die Weberin Frieda Hockauf, 1953 Erfinderin der gleichnamigen Wettbewerbsbewegung, der es gelang, durch konkrete persönliche Verpflichtungen den Fadenfluß der Spindeln nicht nur pro Maschine, sondern pro Maschinenreihe zu überwachen. (Frieda Hockauf, die Erfinderin der Klobrille)

Schließlich ist der Leumund der sowjetischen Technik durch eigene Anschauung auf verschiedenen Ebenen geprägt. Da sind einerseits die Produkte made in UdSSR, selten in der DDR, aber oft vor Ort gekauft: Warmluftstrahler, Aquarienpumpen und was alles noch so in der DDR Mangelware ist. Diese Produkte bieten neben ihrer Funktionstüchtigkeit den nostalgisch-spröden Stromlinienstandard jener Nierentischzeit, da Plaste und Elaste noch Bakelit und Igelit heißen durften.

Andererseits ist da noch die Kooperation. Aber was die DDR-Techniker am meisten entsetzt, ist nicht der Mangel an Technik, als vielmehr die Unlust und das Unvermögen der SU-Kooperanten, mit der Technik sinnvoll umzugehen. »Von der Sowjetunion lernen heißt siegen lernen«, dieser Spruch wurde schon sehr früh von der Realität gar zu grob relativiert.

Kennst Du die Lokofeilow-Methode?
Erst wird ein riesiger Klotz Eisen gegossen. Dann nimmt man eine Feile und feilt die Lokomotive raus.

Und dieser Witz wiederum ist frei von Chauvinismus, denn er bezieht sich auf DDR-Verhältnisse. Und zur Ehrenrettung des DDR-Witzes muß man hinzufügen, daß die japanische Delegation, und nicht nur die, auch die DDR besucht hat.

Eine japanische Delegation besucht die DDR. Am Schluß der Besuchsreise wird der Leiter der Delegation gefragt, was die Delegation besonders beeindruckt hat.
»Am meisten«, sagt der Leiter der Delegation, »haben uns in der DDR die wunderschönen Museen beeindruckt: Pergamon, Robotron, Pentacon . . .«

(Pentacon: Kamerawerke, Robotron: Rechnerwerke)

Eine japanische Delegation besucht die DDR. Nach einer Betriebsbesichtigung wird der Leiter der Delegation gebeten, in einer Werkhalle zu den Werktätigen zu sprechen.
»Guten Morgen, liebe Kollegen«, sagt der Leiter der Delegation, »Ihr müßt entschuldigen, daß wir an Eurem Bummelstreik nicht teilnehmen können, aber wir gehören einer anderen Gewerkschaft an.«

Ein Amerikaner, leicht exzentrisch, bestellt sich in der DDR einen Trabbi. Eines Tages trifft der Trabbi ein. Anderntags schickt er dem Außenhandelsministerium der DDR folgendes Telegramm:
»Vielen Dank für das Modell. Freue mich auf das Auto.«

Ein amerikanischer Journalist gerät auf dem Roten Platz mit einem Moskowiter in ein Streitgespräch.

»Aber selbstverständlich kann ich sagen, was ich will!«, erregt sich der amerikanische Journalist. »Wenn ich will, kann ich sogar meinem Präsidenten in den Hintern treten!«
»Na und!?«, sagt der Moskowiter, »und wenn ich will, kann ich gegen die Kremlmauer pinkeln!«
»Na ja«, beruhigt sich der Amerikaner wieder, »ich gebe ja zu, dem Präsidenten in den Hintern treten, das geht vielleicht etwas zu weit.«
»Na ja«, sagt der Moskowiter, »ich würde mir die Hosen ja auch nicht aufknöpfen.«

(Von diesem Witz gibt es mehrere Varianten. Der Moskowiter hat auch sämtliche Freiheiten, kann hingehen, wohin er will, kann sagen, was er will, zum Beispiel: Breschnew ist blöd. Frage des Amerikaners: Warum gehst Du nicht, wenn Du darfst? Antwort: Geh Du mal, wenn Du die Hosen voll hast!)

Zwei Freunde fliegen nach Moskau einkaufen. Sie trennen sich am Flughafen, um jeder für sich sein Glück zu versuchen. Abends treffen sie sich in der Maschine wieder.
»Na, was hast Du bekommen?« fragt der eine den anderen.
»Nichts, absolut nichts. Und Du?«
»Ich? Ich habe einen Pelzmantel bekommen, eine Pelzkappe, und am Nachmittag war ich noch bei Lenin.«
»Was!? Bei Lenin warst Du!? Da war doch eine endlose Schlange, und dann war da auch nur bis Mittag auf! Mann, wie hast Du das alles nur geschafft?«
»Och, ich bin in 'nen Laden gegangen und habe zur Verkäuferin gesagt: Ich möchte zwei Pelzmäntel. Für Sie einen Pelzmantel und für mich einen Pelzmantel. Dann bin ich in den nächsten Laden gegangen. Dort habe ich zur Verkäuferin gesagt: Ich möchte zwei Pelzkappen. Eine Pelzkappe für Sie und eine Pelzkappe für mich. Dann habe ich einen Kasten Wodka gekauft, und damit bin ich am Nachmittag zum Mausoleum gegangen. Da haben mich die Soldaten gefragt: ›Willste rein, oder sollen wir'n Dir raustragen?‹«

Im Warenhaus GUM. Kurz vor Ladenschluß verbreitet sich die Nachricht, daß eine Ladung Tee angekommen ist. Sofort stürmt eine Menschenmenge in den Verkaufskorridor für Kaffee und Tee.

»Bürger!«, schlichtet der Verkäufer den Andrang, »es ist genug da, laßt uns doch erst einmal auspacken!«

Nach einer halben Stunde erscheint der Verkäufer wieder:

»Bürger«, sagt er, »so groß ist die Lieferung nun auch wieder nicht. Die Bürger jüdischer Nationalität werden gebeten, nach Hause zu gehen.«

Nach einer weiteren halben Stunde erscheint der Verkäufer wieder:

»Es hat keinen Sinn«, sagt er, »die Parteilosen können auch getrost nach Hause gehen.«

Es vergeht wieder eine halbe Stunde. Es vergeht noch eine halbe Stunde. Schließlich guckt der Verkäufer vorsichtig aus seinem Kontor hervor:

»Genossen!«, sagt er, »Euch kann ich's ja sagen: In Wirklichkeit haben wir überhaupt gar keinen Tee bekommen.«

»Gott verflucht noch mal!«, brüllt da ein Wartender auf, »jetzt möchte ich aber mal wissen, warum hier die Juden immer so bevorzugt werden!?«

Noch einmal zurück zur sowjetischen Wissenschaft und Technik. Zwei Exemplare aus den fünfziger und ein Klassiker aus den sechziger Jahren. Zuvor eine phonetische Erläuterung zu den beiden Fünfzigern: Wie die Franzosen können auch die Russen nicht das H sprechen. Doch wo die Franzosen nur ein Luftloch haben, haben die Russen gleich mehrere Ersatzlaute zur scheinbar freien, keinem Gesetz folgenden Verfügung. Mal ist es ein G: Geinrich Geine. Mal ist es mehr ein K, allerdings ein sehr weiches:

Ein Mann kommt nach Hause und sagt zu seiner Frau: »Schnell, packe meinen Koffer, ich fliege nach Australien zu einem Kegelkongreß. Ich hole nur noch meinen Paß aus dem Ministerium.«

Nach einer Stunde kommt der Mann völlig abgehetzt wieder:

»Es gibt gar keinen Kegelkongreß. Und ich fliege auch nicht nach Australien. Laß den Koffer zu! Ich fliege nach Österreich. Zu einem Hegelkongreß.«

Meist ist aber der Ersatzlaut für das H ein arabisch, aramäisch, hebräisch, wie auch immer, guttural ausgesprochenes Ch. Cheideröslein.

Ein amerikanischer Reporter interviewt einen sowjetischen Sportler:
»Welche Sportart betreiben Sie?« fragt er.
»Xammerwerfen.«
»Welche Erfolge erzielten Sie dabei?«
»Weltmeister. Olympiasieger.«
»Was sind Sie von Beruf?«
»Ixch bin Dozent der Psüxologie an der Universität von Kiew.«
»So ein robuster Sport und so ein sensibler Beruf! In welcher wissenschaftlichen Disziplin der Psychologie lehren Sie?«
»Ixch bin Dozent der Psüxologie des Xammerwerfens.«

Sowjetische Wissenschaftler haben eine Methode entwickelt, Tote wieder zum Leben zu erwecken. Als allererster wird Lenin aus dem Mausoleum geholt und zum Leben erweckt. Kaum erwacht Lenin zum Leben, verfügt er, daß ihm alle Unterlagen und Dokumente gebracht werden, geht in sein altes Arbeitszimmer in den Kreml, bittet sich aus, nicht gestört zu werden, und schließt sich ein.
Eine Woche vergeht. Eine zweite Woche vergeht. Lenin kommt nicht wieder aus dem Arbeitszimmer heraus. Eine dritte Woche vergeht. Schließlich entschließt sich das Politbüro nachzusehen. Die Tür zum Arbeitszimmer wird aufgebrochen. Das Zimmer ist leer. Auf dem Schreibtisch liegt ein kleiner Zettel:
»Genossen! Ich bin in der Schweiz. Wir müssen noch einmal von vorn anfangen.«

Zu neuen Höchstleistungen

Los Espressos — die größte Luftnummer der DDR

Wir sind gesessen, ein verfahrenes Volk von Dichtern und Denkern: Wie die ollen Berliner Kleinbürger des Vormärz in ihrer Tabagie, so saßen wir in unserem Café und räsonierten über Gott und die Welt und stellten uns vor — wir, die ehemaligen Hausherrn von morgen, steigend meist, aber auch fallend manchmal auf der Lawendeltreppe des Ruhms — wir stellten uns vor, wie da ein unscheinbarer Lew Bronstein, späterer Trotzki, in den Wiener Caféstuben, just den Mokka schlürfend wie wir, die Weltrevolution entworfen hatte.
Warum mit dem Kopf durch die Wand, haben wir uns gefragt, was willst du in der Nebenzelle? Das waren doch damals noch die verschiedenen Cafégorien der Weltrevolution. Wie gesummt, so gebrummt. Wir, wenn schon keine Lenins, so doch alle potentielle Trotzkis, merkten mehr und mehr, daß wir in unserer Gerontokratie auf die Cafégorie der ziselierten Bemerkung reduziert waren.
Und tatsächlich: Während der Berliner Gassenhauer in den etwas mehr als hundert Jahren seiner Existenz, aus dem Kleinbürgertum kommend, sich immer mehr proletarisierte, nahm der politische Witz der DDR eine umgekehrte Entwicklung. Vom Ende der siebziger Jahre an war sein Hauptproduzent das intellektuelle Kleinbürgertum, war sein Entstehungsgebiet der Ballungsraum, die Großstadt, ging seine Verbreitung von Berlin-(Hauptstadt) aus.
Sicher, das Räsonieren, jene subtil-nörglige Art des Meckerns, ist seit jeher eine Spezialität der Berliner Volksseele, aber die DDR hatte im Laufe der Zeit auch einen großen Haufen vagabundierenden Intellekts freigesetzt, ob nun institutionell gebunden oder nicht. An Berlins berühmtester Kreuzung Friedrichstraße/Ecke Unter den Linden, im kleinen, eher unattraktiven Espresso vom Lindencorso, wurde

dieser Haufe zur kritischen Masse: Philosophen, die die Welt genug verändert hatten und denen es nur noch darauf ankam, sie endlich wieder einmal zu interpretieren, Erbauer Potemkinscher Dörfer, Schlauspieler und Resigneure, Vertreter des politisch arrangierten Liedes, freakige Wolgadeutsche, deren Freiheits- und Statussymbol angebeulte sowjetische Großlimousinen waren, die den Namen der Mutter der Flüsse trugen, und Bekannte und Verkannte, lesend aus unveröffentlichten Werken, veröffentlichend unlesbare Werke.

Und all diese aus den Verlagen, der Uni, den Instituten, Organisationen, Theatern und Akademien, und die Filmedreher, Maler, Fotografen, Graphiker, Liedermacher, Jazzer, Rocker, all diese Caféhocker hatten unendlich viel Muße und Zeit, die Zeitläufte auf ihren Humorwert zu untersuchen, Sarkasmen, Sprüche, Verballhornungen und Witze zu produzieren.

Für mich selber galt der Spruch: Wenn ich da bin, bin ich hier. Nur Tourneen konnten mich davon abhalten, etwa zehn Jahre lang zwischen high noon und zwei in besagtem Espresso mein Büro und Frühstückszimmer aufzuschlagen.

Egal, welche Milieus den politischen Witz der DDR hervorbrachten: verbreitet von Mund zu Mund wurde er zur echten, sogar einzigen Volkskunst des Landes. Selectiert aber und letztendlich gefiltert wurden diese Witze im Caféhaus. Dort verfestigte sich ihre authentische Form.

Wehedem, einer erzählte falsch. Dann wurden die Scholaren scholastisch: Nee, der geht so und so. Und da an den Tischen ein und derselbe Witz — vorher schon in Kantinen und Büros mehrfach erzählt — für jeden jeweilig neuen Gast wiederholt wurde, verhärteten sich in wenigen Tagen die gültigen Fassungen.

Und die Fassungen waren so gültig und die Kenntnis der Witze so allgemein, daß man in einem hitzigen Tagesgespräch nur Popow oder Scheiß Volkskunst fallenzulassen brauchte, und schon verklärten sich die Gesichter in der Runde — wie bei jenen armen Irren aus der Irrenanstalt, von denen immer einer am Fahnenmast hochklettert, oben angekommen eine Zahl vom Zettel abliest, die Zahl laut verkündet und alle anderen unten lachen sich kaputt. Bis zu dem Tag, an dem einer hochklimmt, die Zahl abliest und ausruft. Und unten keiner lacht. Weil: den kannten sie schon. An dieser Stelle hieß es im Espresso: Du hast ja sooo recht. Eine Replik, die von den Fernsehleuten stammte. Auf jeden Verbesserungsvorschlag eines Mitarbeiters antwortete ein anderer Mitarbeiter: Du hast ja sooo recht. Und das hieß: Es wird nie geschehen. Es gibt viel zu tun, lassen wir's bleiben. Wozu die Mühe.

Klar, ein Kürzel reizt nur so lange, wie es auf eine reale Situation paßt — aber aus gleichem Grunde sind sie auch bemerkenswerte Verständigungsfloskeln. Manchmal mit variierenden Reflexionsebenen . . .

Frobenius, der in Afrika unter anderem Mythen und Märchen sammelte und nachzuweisen suchte, daß Atlantis durch die Sahara und außenherum auf dem Wasser nach Benin gelangt sei, fand bei einem schwarzafrikanischen Volk ein kurzes, drei Zeilen langes Märchen. Etwa so: Um sie von einem Schmerz zu befreien, greift die Spinne der Ameise mit einem Finger in den Mund. Die Ameise hat sich eine Eierschale in den Mund gesteckt. Darüber konnten sich die Zuhörer ausschütten vor Lachen. Frobenius konnte das nicht verstehen, nicht deuten. Warum sie gelacht, weiß ich auch nicht. Aber **daß** sie gelacht, **das** kann ich sehr wohl verstehen. Frobenius hätte sechzig Jahre später leben müssen, in der DDR . . .

Von Touries und Wessie-Schulklassen meist zur Sommerzeit heimgesucht, saßen wir in unserem ethnologischen Freilichtmuseum und kicherten, unverständliche Synonyma ausstoßend, vergnügt in uns hinein. Und die Touries konnten für ihre 25 Mark Eintritt nur eines feststellen: das mußte die lustigste Baracke im ganzen Lager sein. (Ein Vorzug, den im sozialistischen Lager besonders die Polen und die Ungarn für sich beanspruchten . . .)

Aber selbst aus dem normalen Gespräch hätte der Außenstehende, bei dem Polit-Rotwelsch, das sich hier vermengte, kaum etwas ableiten können. Er hätte wissen müssen, daß Miefkuh die Abkürzung für das Histerium für Kultur war, während Russenkuh die fast zärtlich-liebevolle Bezeichnung für das alte, bullige Automobil Wolga war, wäh-

rend Rostkwitsch den Moskito genannten Wagen der Marke
Moskwitsch in seiner eigentlichen Qualität beschrieb. Er hätte wissen
müssen, daß ein Karpatenschreck und eine Balkanziege identisch
waren mit Ceausescus Rache, einem ungetümen, technisch katastro-
phalen, in Rumänien gebauten Transporters, dessen geringste Macke
wohl sein Strudel im Tank war. Trotz großer Energie-Einsparungskam-
pagnen wurde der Karpatenschreck den DDR-Betrieben aufgenötigt,
damit die Lieferverpflichtungen der DDR mit ihrem eigenen Trans-
porter Barkas erfüllt werden konnten. (Spare mit jedem Pfennig, koste es was es wolle!)
Der Außenstehende hätte wissen müssen, daß mit Dresdner Senke
die völlige Ahnungslosigkeit gemeint war, weil man in jenem Tal der
Ahnungslosen kein Westfernsehen empfangen kann, während die
autonome Gebirgsrepublik der Bezirk Suhl ist. Er hätte wissen müssen, daß die im Westen wegen ihrer blassen Hühner (Broiler,
Gummiadler) Flattermanns-Airlines genannten Gesellschaften Inter-
sturz und Aeroplatsch nichts mit dem Pilotbüro zu tun haben, auch
dann nicht, wenn der Hubschrauber schon durch ist, der feierabends
das Heu, für die letzten Ochsen, die da noch arbeiten, abwirft.
Er hätte wissen müssen, daß, wenn Blockflöte gesagt wird, nur ein
politisches Instrument gemeint ist — nämlich ein Mitglied einer der
Parteien des Nationalen Blocks der Nationalen Front der DDR: der
Labildemokraten (Liberaldemokratische Partei Deutschlands) oder
der Eichelpartei (Nationaldemokratische Partei Deutschlands), während **die** Partei, (die der sozialistischen Einheitlichkeit), aus deren Reihen der Hauptdarsteller, nämlich Uns-Erich stammt, in Berlin oft hei-
ter-g'schamig Pietei benamst ist. Ein, was schon sehr selten ist, wert-
freier Diminutiv, der auch im zusammengesetzten Substantiv existiert: Pieteiversammlung, Pieteibeitrag. (Die Partei braucht auch deinen Beitrag!)

§ 1: Die Partei hat immer Recht.
§ 2: Wenn die Partei mal nicht Recht hat, tritt § 1 in Kraft.
(Das erinnert mich mächtig an Adolf Glaßbrenners Zitat »aus Bis-

marcks sämtlichen Werken«: § 1 bis 101. Wenn die Regierung spricht, hat die Kammer zu schweigen, und wenn die Kammer spricht, hat sie — nichts zu sagen.)

Etwas günstiger für den Außenstehenden sind die Synonyma für Skulpturen und Gebäude: Lehrer-Silo für das Haus des Lehrers am Alexanderplatz. Bauchbinde für das Mosaikfries am Lehrer-Silo. Nuttenbrosche für den großen Springbrunnen auf dem Alex, gestaltet von Professor Womatschka, der als Walter Womacka der Erfinder des DDR-Chlorodontismus und Ulbrichts Lieblingsmaler war.
Winzerstuben für das Außenministerium am Marx-Engels-Platz, das unter dem damaligen Außenminister Winzer erbaut wurde. Dazu im rechten Winkel Walterchens Ballhaus, das Staatsratsgebäude. Den Winzerstuben gegenüber der Lampenladen: Casa di lampadario, der Palazzo prozzo, auf sächsisch schlicht Ballast der Republik, dessen Baukosten eines der bestgehüteten Geheimnisse des Staates sind: 650 Millionen etwa. (1973—75)
Über der Spree, den Palast im Rücken, den Fernsehturm im Angesichte, stehen und sitzen seit dem Frühjahr 1986 Sacco und Jacketti, das Rentnerdenkmal — vom Bildhauer Engelhardt (omen est nomen) errichtet — zwei erdverbundene, in sich ruhende Figuren, die wohl einen fossilen Marx und Engels darstellen sollen. Das Synonym, wenngleich erst heute volkstümlich geworden, entfleuchte schon vor Jahren aus dem Projektionsbüro des Monuments.

Weißt du, warum der Palast der Republik abgerissen wird? Man faßt keine Beschlüsse im Rücken der Klassiker.

Der aufmerksame Leser wird sich gefragt haben, warum ich für den Fernsehturm kein Synonym eingesetzt habe. Hier gilt es zu differenzieren, gilt es Brecht zu zitieren: Das Volk tümelt nicht. Als er erbaut wurde, hat es Journalisten gegeben, die dem Turm propagandistisch-tümelnde Namen gaben: auf wahlweise Langer Lulatsch oder Telespargel sollte er inauguriert werden.

Frivole Tümelei, immer allgegenwärtig, und meist in den Städten der DDR in dem Begriff »das neue Wahrzeichen von . . .« kulminierend — etliche DDR-Städte haben es so alle drei, vier Jahre zu »neuen Wahrzeichen« gebracht, sogar Berlin-Hauptstadt hatte vor dem »Telespargel« als neues Wahrzeichen den langen Betonschlot des Heizkraftwerkes Mitte, das zwei Kilometer von der City entfernt in die Häuser gerammt wurde — diese Tümelei brachte Aversionen hervor, die in Injurien mündeten: Penis sozialisticus erectus est. Oder: Protzkeule — semantisch eher dem Sächsischen zuzuordnen. Die Berliner hatten einfach Angst vor diesem Turm — aber nicht, weil er auf einem Baugrund von Schlammblasen stand, der insgeheim noch nachträglich durch Beton-Injektionen stabilisiert werden mußte: Es ging die Mär, bei Bedarf könne man mit dem Turm die Hauptstadt vom Westfernsehen abtrennen. Mit dem eigenen Fernsehen allein zu sein — das war für jeden DDR-Bürger eine gruselige Vorstellung:

Weißt Du, beim Bau des Fernsehturms ist oben vergessen worden, für das Café eine Kanalisation einzubauen. Macht nichts. Jetzt wird die ganze Scheiße nach oben gepumpt und ausgestrahlt.

Längere Zeit hielt sich die Bezeichnung Sankt Walter, weil sich bei günstigem Sonneneinfall immer wieder auf der großen Nirosta-Kugel des Turmes ein kilometerweit zu sehendes Kreuz abzeichnet. Da kam natürlich Freude auf beim Fußvolk: Schadenfreude.
Aber wie das so ist: Schließlich hieß das Ding nur noch Fernsehturm. Man hatte sich optisch daran gewöhnt, daß er als Skyline-Fetzer mitten in der Stadt stand, statt kostengünstiger und effektiver auf den stadtnahen Müggelbergen — wenn auch im Anflugbereich des Zentralflughafens Schönefeld. Auch war das Gerücht verebbt, Ulbricht habe nur deswegen den Turm neben den Alexanderplatz placiert, weil er dort mitten im alliierten Luftkorridor stand. Das sollte als souveräner Kraftakt die Westalliierten zu direkten Verhandlungen mit der DDR veranlassen, die DDR einen wenigstens symbolischen Schritt der Anerkennung näherbringen.

Nichts da. Die Flugzeuge brummten rechts und links an ihm vorbei. Und er blieb, was er war: ein Fernsehturm. So, wie auch seit den fünfziger Jahren, trotz intensiver westlicher Bemühung, der DDR-Polizist in der DDR nie zum VO-PO wurde. Im Volksmund blieb er stets der Volkspolizist, wurde in den siebziger Jahren zum Polizisten degradiert und sehr spät erst, als Übernahme aus dem Westen, partiell zum Bullen. Aber es gibt in der DDR keine Bullenwitze. Polizistenwitze en masse. Wahllos in allen Preislagen.

Zurück zu den Gebäuden und Skulpturen: Da gibt es den Lehmann vom Lehmannspark, auch 1986 eingeweiht. Der sowjetische Monumentalbildhauer Kerbel, zu Hause auf Lenin spezialisiert, hat in der DDR zweimal fürchterlich zugeschlagen. Einmal in Karl-Marx-Stadt, jenem ehemaligen Chemnitz, dessen Name seiner proletarischen Tradition geopfert wurde: Als 1953, mitten im Karl-Marx-Jahr, Jussip Wissarionowitsch Dschugaschwili starb, mußte ganz schnell eine Stadt her. So erhielt der erste deutsch-deutsche Zwilling, die heutige Partnerstadt von Saarlouis, das bei den Seelower Höhen errichtete Hüttenwerk, an dessen Vorderfront — (auf der anderen Straßenseite) — einige Wohngeviert in den kargen Sand gestellt worden waren, nicht den vorgesehenen Namen des Klassikers, sondern den seines gottgleichen Epigonen — während das alte Chemnitz, sehr zum Schmerz seiner Bewohner, den Namen Marxens erhielt.

So austauschbar waren dunnemals die Heroen, daß ein paar Jahre später, Stalinstadt war zu Eisenhüttenstadt geworden, Marx immer noch als neuer Namensgeber für die berühmte Stalinallee herhalten durfte: Karl-Marx-Allee.

Hatten die Berliner schon vorher Stalin-Alle gesagt, so bezeichnete nun den frivolen Namenstausch die ebenso frivole Benennung Kalle-Malle. Malle ist ein wahrscheinlich aus **le mal**: das Übel, das Böse, **j'ai mal**: mir ist schlecht etc. abgeleitetes Berlinisch und existiert heute noch in: Du hast wohl 'ne Malle, was soviel heißt wie: Du hast wohl 'n weichen Keks, oder: Wie kannste so wat bloß machen?!

In Karl-Marx-Stadt also hat Kerbel mit einem martialischen, mehrere Stockwerke hohen Marx-Kopf zugeschlagen und 1986 in Berlin-

Hauptstadt mit einem (dem ersten in der DDR) Thälmann-Denkmal. Doch der Koloß sieht eher wie ein unbewältigter Lenin aus, so daß bereits die Bronzegießer in Lauchhammer ihn kontaminierend Lehmann nannten.

Reisender, kommst Du aber einst im Oktober in die Große Ru-Rei (Ruhmreiche) genannte Große Unerschütterliche und dort nach Ulan Ude, der hinter dem Baikal gelegenen, fernen Hauptstadt des nordmongolischen Volkes der Burjaten, und mit Deinem Eintreffen fällt der erste Schnee, dann betrachten Dich die Einheimischen als Glücksbringer. Und Du, Glücklicher, verharre auf dem neuerrichteten zentralen Platz der Stadt, wende Dich ab vom neuen Hotel und blicke hinüber zum langgestreckten Parteigebäude dort auf der kleinen Anhöhe. So wirst Du, die Horizontale eruptiv durchbrechend und das Gebäude an Höhe weit übertreffend, davor den Riesenkopf des russischen Djed Morross, des Väterchen Frost, sehen. Und wenn Du in der Lage bist, die schneeverhangenen Brauen und den Eisbart vor Deinem inneren Auge schmelzen zu lassen, ja dann wirst Du erleuchtet sein und wissen: Auch hier hat Lew Kerbel einen Lenin hingehinkelt.

Der lauchhammer Begriff Lehmann jedenfalls setzte sich durch — ebenso wie die blödelnde Bezeichnung Freiheitszentrum für das von Westfirmen erbaute Freizeitzentrum am berliner Friedrichshain, wie Aserbaidschanischer Busbahnhof für den ungehemmt neopostmodernen Betonneubau des Friedrichstadtpalastes, dem weltgrößten Varieté (noch vor der Leningrader Music-Hall!), wie Schenkelklause für Schinkelklause, Kleine Geltungsbedürfnisanstalt Unter den Linden für das Maxim-Gorki-Theater.

Aber hier sind wir bereits in den Niederungen des internen Kauderwelschs, das — weniger ziseliert denn differenziert-diffamierend — in jeder Gegend der DDR, immer orientiert an den lokalen Koniferen und Autoraritäten, sein eigenes Gepräge und Kolorit hat. Harmlose Frühformen waren WU für Walter Ulbricht, Sodom und Gomulka oder Nationalpreisjäger Professor Mäßig für den gar nicht trägen DEFA-Filmgroßregisseur Maetzig ...

Spätere Formen waren, wie wir schon an Vera Oelschlegel sahen, die in unserem cafégorischen Schattenkabinett als Minister zbv (zur besonderen Verwendung) saß, nicht mehr ganz so zimperlich.

Da war die ständig larmoyante Mütterlichkeit ausströmende Gebrauchslyrikerin Gisela Steineckert: indem sie kühn den Weg vom ich zum mir antrat, den Weg der Reprivatisierung des DDR-Kulturapparates für sich, für die Tochter, den Schwiegersohn, kurz, für den ganzen begabten Clan, ergatterte sie sich schon zu brauchbaren Lebenszeiten — eingedenk der Tatsache, daß hinterher sich ja doch keiner darum kümmert, kaum gestorben, schon vergessen — ergatterte sie sich die Würde nationaler Unsterblichkeit.

Erst ergreisen, dann verreisen: Schicksalssymphonie, durch die Ungnade der Geburt wohl jedem Ostlöffel an der Wiege gesungen, sie sollte für Gisela nicht gelten. War Vera-zbv die Hochzeitsreise nach Paris billig gewesen, so sollte ihr, wie der anderen Gisela, der May (keine Feier ohne Mayer), die Kournee nach Rom nicht teuer sein — bezahlt von Pappa.

Erfolgreiche In-Besitz-Nahmen der Medien Platte, Funk, Fernsehen, Musikverlage zum Zwecke ungehinderter Maximierung eigener Tantiemen hat es in der Geschichte der DDR stets gegeben; nur wenn einzelne Glieder derart übertrieben, daß Pappa Staat, den Anschein des Eigentümers wahrend, eingriff und ganze Clane entmachtete, hatten neue Musikrichtungen ihre Chance. Zwar gründete Gisela das Haus Steineckert durch eine Um- und Einheirat in das Zentrale Lektorat des DDR-Rundfunks — sich selbst besiegen ist der schönste Sieg, Selbstzensur die schönste Zensur: kein DDR-Wort ging mehr ohne ihren Segen gesungen durch die Medien — aber sie setzte, ganz im Gegensatz zu ihren Vorläufern, das Gebäude auf einen offensiv politischen Unterbau.

Alles nur eine Frage von Strategie und Taktik. Kunst ist Waffel einerseits. Andererseits auf dem Weg durch die Instanzen selber zur Instanz zu werden:

— Big-Bed-Mama nahm, auf sich aufmerksam machend, Anfang der Siebziger die FDJ-Singebewegung zu dem Zeitpunkt an ihren Busen, als dieser kulturpropagandistische Aktivposten nur noch durch künstliche Beatmer gehalten werden konnte.

— Sie nahm, wiewohl sich nicht eine Singegruppe der DDR ihrer Texte annahm — selbst nicht die offiziöse Profi-Gruppe Jahrgang 49, (Gründungsjahr der DDR), die zärtlich wegen Qualität Abgang 49, wegen ihrer Situation Kostgänger 49, zusammengefaßt Stuhlgang 49 genannt wurde — Gisela Steineckert nahm sich der (heiße Herzen, leere Hirne) FDJ-Poetenseminare an, deren Editionen von Schülergedichten Offene Fenster ein allgemeines Gleich wieder zuschlagen provozierten.

— Sie befriedete, nach der Biermann-Extraktion von 1976, gemeinsam mit Paul Wiens und Günter Görlich — Namen, die Sie sich wirklich nicht zu merken brauchen, Wiens Gedichtband Dienstgeheimnis entlockte nur ein müdes Hätt er's doch für sich behalten —, Gisela Steineckert befriedete den wegen Unterwanderung des Vorstandes kurzzeitig außer Kontrolle geratenen Berliner Schriftstellerverband.

— Sie würgte als Jurore in allen möglichen Cremien und Leistungsschauen der Unterhaltungskunst, hatte schon hier und da die Möglichkeit, ihre vertonten Texte in eigener Instanz zu objektivieren, übernahm 1983 von Vera Oelschlegel den Vorsitz des Chanson-Wettbewerbs, konnte in dieser Eigenschaft erstmals im großen Stil ihre Texte lancieren und einvernahmte als Chef der Arbeitsgemeinschaft Chanson beim Komitee für Unterhaltungskunst gemeinsam mit ihrem Clan die gesamte Gattung — ich schreibe das alles, um dem Unbefangenen zu zeigen, welchen Mechanismen ein Sängerlein, das in der DDR nicht sein eigener Veranstalter sein darf, in dieser einen Person gegenüberstand.

— Sie schaffte es, das Gerede ehemaliger Gemeinsamkeiten mit Conny Naumann schützend im Rücken, sich gleichzeitig, von dessen hart angefochtenem, fast schon ausgetrickstem Antipoden, dem Chefideologen Kurt Hager gedeckt, 1984 zum Präsidenten des eben geschaffenen Verbandes der Unterhaltungskünstler inthronisieren zu lassen — für Gisela Steineckert eine optimale Verwertungsebene ihrer Werke und ihrer selbst.

War bisher das dramaturgische Credo der in der DDR allgegenwärtigen Unterhaltungskunst mit der stärksten Nummer anfangen und dann langsam steigern, und lautete, wenn man feierstündlich ans politisch Eingemachte ging, die programmatische Maxime Fahne hoch und Hosen runter, so verschmolz nun die Fahne zu einer in Lied und Rock alle anderen Themen verdrängenden Epopöe vom Frieden. Denn El Friede muß bewaffnet sein, auch wenn sie inzwischen im Aserbaidschanischen Busbahnhof schon völlig ohne Höschen zwischen Phonomimikern und Mimoplastikern herumlief.

Zwischen was!? Na ja, tun kann man alles, man muß es eben nur nicht gleich beim Namen nennen: Travestit — das kann Vater Staat doch niemanden in den für jede Darbietung obligaten Berufsausweis eintragen, wo in der DDR schon der Transvestit ein eigentlich noch nie aufgetauchtes Phänomen eines rein biologischen Irrtums ist. Und Mutter Natur irrt nie!

By the way: Viel früher schon hatte die DDR viel härtere Nüsse ganz unbemerkt geknackt. Als sie irgendwann in den Sechzigern eine Box-Welt- oder Europameisterschaft ausrichten durfte, war dies mit einem parallelen Body-Building-Wettbewerb gekoppelt. Nicht nur, daß die anerkennungssüchtige DDR nun dieses Hochsymbol westlich-amerikanischer Endzeitdekadenz ausstatten mußte, nein, sie mußte auch noch eine eigene Sektion vorweisen! Das tat sie glatt. Unter der nationalen Bezeichnung Kulturistik.

(Merkste? Obwohl diese Begriffe alle aus der pragmatisch-realpolitischen Kiste der als geflügeltes Wort selbst dem Wessi geläufigen Geflügelten Jahresendfigur stammen, wird hier mit dem Kulturbegriff ebenso austauschbar verfahren wie mit Stalin und Marx — nicht aufwertend, aber möglich machend.)

El Friede tanzt auf dem Vulkan. Denn, das hatte uns die vierjährige Tochter einer Freundin aus dem Kindergarten mitgebracht, denn morgen, Mamma, kommt die Zitronenbombe. So, oder ähnlich qualifiziert, hatte ein Offizier der Nationalen Volksarmee den Kindern das frühe Sandkastenspielen nahegebracht — denn unsre Kinder solln im Frieden leben, und sei's mit 'ner Kriegspsychose . . .

Jahre zuvor hatte in der DDR ein anderer, ein harmloser Kindermund die Runde gemacht: Das ist der Fernsehturm — stand's ungelenk auf einer Kinderzeichnung im Klub International —, hier wohnen die Bauarbeiter. Dennoch, kein Vergleich zu der Berühmtheit, die ein Erwachsenenmund bei einer Verabschiedung einer chilenischen Delegation erlangte: Und grüßen Sie mir in Ihrer Heimat auch den Genossen Wenzel Remus — ein Genosse, den wir nie mehr vergessen konnten ... Comienza la vida nueva, venceremos!
Übertrieben? Einzelfall vielleicht, aber so frei von jedem Selbstzweifel, daß es auf jeden Fall für **diese** Freiheit Synonym geworden ist. Vielleicht, zur Auflockerung, zwei alltägliche Belege aus meiner Legenden-Kiste:

Schreibstube. Der Soldat schreibt das Wort Bataillon. Der Feldwebel kommt: »Das ist falsch geschrieben. Das heißt Battalon.« Der Soldat insistiert. Der Feldwebel:
»Abitur hin, Abitur her. Seit zehn Jahren bin ich hier; seit zehn Jahren wird Battalon geschrieben. Und so bleibt es, solange ich hier Feldwebel bin.«

Die Soldaten einer Kompanie beschweren sich über das Essen. Vom Major veranlaßt hat der Hauptmann die Sache überprüft. Erregt steht er vor den Soldaten:
». . . und vor allem, was den Vorwurf betrifft, daß in dem Essen keine Vitaminen mehr drin sind: Ich habe mir in der Küche alles genau angesehen. Da sind ausschließlich hermetisch abschließbare Großpfannen und Großkochtöpfe. Darin kann das Essen kochen, solange es will — die Vitaminen können gar nicht raus!«
(Quelle: Eigenerleben meines Kumpels G. M.)

Daß auf dem 15jährigen, schweren Wege der Gisela Steineckert zu den Höhen der Kulturapparatschikkeria (Denunziationen, Machtkrämpfe auf Schritt und Tritt) diese noch Zeit für die Idylle gefunden hatte — es machte sie fast wieder sympathisch, wäre da nicht des

Volkes böser Leumund, der, durch Inversion und Hinzufügen eines Buchstabens das Persönlichkeitsrecht der Frau Steineckert rücksichtslos beeinträchtigend, dem Namen eine andere Richtung gab und das zarte Fleisch an ihrer nicht mehr ganz so taufrischen Seite mit pippst Du mich, pipp ich Dich zweckdienlichen Intentionen zieh, ging doch außerdem die verständnisvolle Mär, daß der soignierte Schlagersänger Jürgen Walter, geborene Pippig, vor Schreck zur anderen Fraktion übergelaufen war.

Daß der francophonophile Pippig sich nicht des bösen Spruches als vielmehr erträumter Frankreich-Tourneen wegen umtaufen mußte, hatte ihm ein von der DDR-Liga für Völkerfreundschaft sponsorierter Algerien-Trip verdeutlicht — allerorten angekündigt als Piepiesch. Hatte er schon eine kleine Stimme, so wollte er doch wenigstens einen großen Namen: Jürgen Walter. Wem fällt da nicht von der Vogelweide ein!?

Erwähnen möchte ich noch vier Personagen des öffentlichen Desinteresses:

— den Vera-Oelschlegel-Schauspieler Einmeterspaghetti, für den die Berliner Schauspielschule zur Hochschule wurde, damit er — sie als Professor Hans-Peter Minetti unter sein Direktorat nehmend — seine Laufbahn auf einem Anstandsposten mit Blick auf die Kulturministerwürde besiegeln konnte;

— Manfred Wegwerf, der von Helene Weigel testamentarisch vom Œuvre des Meisters getrennte Brecht-Adept und heutige Akademie-Präsident Professor Weckwerth;

— Jubeljahn, der in die Potsdamer Provinz versenkte FDJ-Boß Günter Jahn, der ebenso wie sein Nachfolger Kronprinz Krenz unter dem ausgeprägten Ulbricht-Syndrom des angestrengt-selbstzufriedenen, etwas verzerrt angelegten Grienens leidet;

— und Perry Friedman, kanadischer Folksänger, der vergessen hatte, die DDR wieder zu verlassen, weil er nur zu genau wußte, auf welcher Seite der Barrikade er stehen und vor allen Dingen leben wollte — und zwar besser als die meisten dortseits der Barrikade. Als in der Biermann-Nachfolge Bettina Wegner und Thomas Brasch an der

Hauptstadt-Volksbühne eine Art Lyrik- und Gesangszirkel gründeten, war es Perry Friedman, seine Chance witternd, der den braven Teil der Newcomer der FDJ zuführte und damit um 1966 die Lawine der ihm später von Big-Bed-Mama abgeknöpften Singebewegung lostrat. Als er dann — von allen Seiten gemieden — eines Tages deklarierte, er wolle nach Kanada zurück, sagte Kumpel G. M. nur trocken: Sag mal 'n Satz mit Kanada.

Kannadavonleben?

Kaum ein Jahr, und der eher schlecht als recht Country-Banjo spielende Huckleperry war wieder da, ließ sich von der FDJ, in diesem Falle ihrer Sekretärin für Kultur, in die Arme schließen und schuf sich so eine tragfähige Grundlage: Gewinnst du den Staat, besorgt er dir dein Publikum. Für Kannadavonleben sogar ein westliches. Denn abgesehen von Anlässen, bei denen Huckleperry in Transitland (nur schnell durch) die Rolle der Bedeutung (zum Beispiel des Maximuß/Lenimuß, der Philosie des Prolerats) mit alten Hüten besingt, wird er, (wie auch andere), von der DDR bezahlt, in Wessiland (ein gesamtdeutsches Idiom!) bei all den Gelegenheiten gesehen, wo Kunst bestenfalls eine Quantität ergibt, die unter gar keinen Umständen in eine höhere Qualität umzuschlagen droht . . .

Nun, bevor es mir verübelt wird, daß der zu HOG (Handelsorganisationsgaststätte) verkürzte Verein Horch und Guck, der ursprünglich Konsum genannte, an vorderster Klassenfront kämpfende Kundschafter-Bund des Ministerium für Sicherheitsnadeln hier fehlt, will ich nach dem Äquivalent Pappe, stehend für die Gehhilfe Trabbant, von der man im Westjournalismus irrtümlich glaubt, ihr Diminutiv Trabbi sei eine »liebevolle« Umschreibung des Neuen Ziehdröhns, (von der in der DDR unbewältigten Aussprache für Citroën abgeleitet), will ich nach dem Äquivalent Pappe (Exportbezeichnung: Karton de Blamage) die Endlosfolge der Synonyme mit den Blauen Fliesen abbrechen:

Kiestypen (wer Mörtel will, muß Kies haben), bei denen Handwerker getrost mit dem Klassiker Forum geht es eintreten, weil diese nicht nur in der Intershop-fähigen, nicht convertierbaren Deviseninnen-

ersatzwährung der Forumschecks, sondern auch in richtiger Westmark zu richtigen hübschhohen Weststundensätzen löhnen und
nicht etwa gegen Quittung in Spielgeld oder Ostlappen, mit denen
man höchstens im Ex (Exquisit) oder in Neu-Deli (Delikat-Läden, früher UWUBU: Ulbrichts Wucherbuden) einkaufen kann — Kiestypen
inserierten in allen DDR-Zeitungen: Suche rote Kacheln, biete Blaue
Fliesen; tausche Golf gegen Blaue Fliesen etc. — bis ein ganz Ausge-
schlafener dahinterkam: mit Blaue Fliesen war nicht die keramische
Mangelware gemeint, sondern Scheine. Hundert-Markscheine, West.
Die Blaue Fliese, nun aus den Zeitungen eliminiert, wurde im postso-
zialistischen Delikatismus wieder vom Hunni-West gleich zehn Fuffi-
Ost verdrängt.

Die Kraniche fliegen im Keil

Grüne Jungen

Was sind die vier schwersten Jahre im Leben eines Polizisten? — Die erste Klasse.

Ansage von Radio DDR:
»... mit dem letzten Ton des Zeitzeichens war es genau acht Uhr. Wir wiederholen die Ansage für unsere Genossen der Deutschen Volkspolizei. Acht Uhr ist: wenn der große Zeiger nach oben zeigt und der kleine auf die Brezel.«

Eine Straßenbahn fährt bei Gelb über die Kreuzung und wird von einem Polizisten gestoppt. Der Fahrer steigt aus und tobt.
»Sind Sie verrückt geworden!?«, brüllt er. »Ick hab' hier 'n Plan zu erfüllen! Sie können mich doch hier nicht stoppen!«
»Sei'n Se ruhig«, sagt der Polizist. »Und fahr'n Se rechts ran!«

Zwei Polizisten treffen sich vor der Synagoge in der Riekestraße. Der eine hat einen Ballen Stroh unterm Arm.
Fragt der eine: »Wat machst Du denn mit'm Ballen Stroh unterm Arm?!«
»Mensch«, sagt der andere, »ich kann ja nicht allit im Kopp haben!«

Ein Mann geht schräg über die Straße. Kommt ein Polizist auf ihn zu, grüßt, stellt sich vor und fragt:
»Nun, Bürger, wie gehen wir denn über die Straße?«
»Na ja«, sagt der Mann, »diagonal ...«
»Und!? Warum machen wir es dann nicht?«

Warum halten Polizisten den Kopf seitlich geneigt, wenn sie mit der Hand am Schirm grüßen? — Damit dit bißken Hirn sich auf der einen Seite sammeln kann.

Warum laufen immer zwei Polizisten Streife? — Damit beide zusammen die vierte Klasse haben.

Und warum führt einer immer einen Hund bei sich? — Damit wenigstens einer eine abgeschlossene Ausbildung hat.

Und warum im Abstand immer einer hinterher? — Damit jemand auf den Intellektuellen aufpaßt.

Neulich ist ein Polizist im Intershop übern Tresen gesprungen und hat um politisches Asyl gebeten.

Ein Ausländer spricht auf der Friedrichstraße zwei Polizisten an:
»Du ju spiek inglisch?«
Kopfschütteln.
»Parleh wu franzä?«
Kopfschütteln.
»Parlando italjanoh?«
Kopfschütteln.
»Gawaritje pa russkieh?«
Kopfschütteln. Der Mann geht weiter, unverrichterer Dinge.
»Mensch!«, sagt der eine, »haste jehört, der konnte ja vier Sprachen!«
»Und?«, sagt der andere, »hattit ihm wat jenützt?«

Zwei Polizisten laufen Streife.
»Guck mal«, sagt der eine, »ein toter Vogel!«
Der andere reißt den Blick nach oben: »Wo?«

Zwei Polizisten laufen Streife.
»Guck mal«, sagt der eine, »da liegt ein 20-Pfennig-Stück!«
»Laß liegen«, sagt der andere.
»Wieso denn? Damit kannste immerhin telefonieren!«
»Wirklich?« fragt der andere, hebt das Geldstück auf, führt es ans
Ohr: »Hallo!«

Zwei Polizisten laufen Streife. Plötzlich liegt mitten auf dem Bürgersteig ein Gummiknüppel.
»Guck mal«, sagt der eine, »is dit nich Dein Jummiknüppel? Der sieht
doch jenau so aus wie Dein Jummiknüppel!«
»Nee, nee«, sagt der andere, »dit kanna nich sein, ick hab' meinen
verlorn.«

Zwei Polizisten laufen Streife.
»Weeßte«, sagt der eine, »vorjestern abend lege ick mich ins Bette.
Ick knipse dit Licht aus, wat soll ick Dir sagen: da is uff eenmal dit
Licht weg. Frag' ick mich, wo is dit Licht hin. Dit nächste Mal, sage ick
zu mir, mußte rauskriegen, wot Licht hin is. Und jestern, ick lege mich
also wieder ins Bette, ick mache dit Licht aus, wat soll ick Dir sagen:
wieder is dit Licht verschwunden. Und wat soll ick Dir sagen, weeßt
Du, wot is: im Kühlschrank!«

Zwei Polizisten laufen Streife.
»Guck mal«, sagt der eine, »da liegt 'n Spiegel!« Hebt ihn auf und
guckt rein: »Dit Jesicht kenn' ick doch! Irgendwoher kenn' ick dit Je-
sicht. Na, ick kiek mal morgen in die Fahndungsliste rein.«
Der Polizist steckt den Spiegel in die Tasche, kommt abends nach
Hause, zieht sich die Pantoffeln an und hängt die Jacke auf'n Bügel.
›Männe kommt immer so spät nach Hause‹, denkt seine Frau, ›und
dann hängt er auch noch seine Jacke so ordentlich auf, da stimmt
doch wat nich!‹
Sie wühlt in den Taschen. Sie findet den Spiegel. Und guckt rein:
»Ha! Hab' ick it doch jewußt: Fremde Frauen!«

Zwei Polizisten stehen im Schreibwarenladen in der Schlange.
»Ick hätte jerne«, sagt der erste Polizist zur Verkäuferin, »ein Rechen-
heft mit ovalen Kästchen.«
»Wat woll'n Sie?!«
»'n Rechenheft mit ovalen Kästchen.«
»Hammwanich.«
»Habn Se nich?«
»Nee.«
Enttäuscht geht der erste Polizist von dannen.
»Sie müssen schon entschuldigen«, sagt der zweite Polizist, »wir kön-
nen uns die Leute bei der Polizei auch nicht aussuchen. Wir müsen
halt nehmen, was wir kriegen.«
»Schon gut«, sagt die Verkäuferin, »Sie wünschen?«
»Ja, ich hätte gerne einen Globus von Cottbus.«

Zwei Polizisten laufen mit ihrem Hund die Straße entlang. Alle paar
Meter hebt der eine den Schwanz in die Höhe, beugt sich runter und
guckt. Nach 'ner Weile sagt der andere:
»Sach mal, Du bist hier im Dienst, wat machste denn da immerzu?«
»Ick kieke, ob unser Hund zwee Arschlöcher hat.«
»Wat kiekste!?«
»Ob unser Hund zwee Arschlöcher hat.«
»Wie kommste denn darauf?!«
»Na, haste dit noch nich jemerkt? Immer wenn wir hier langlaufen,
sagen die Leute: Kiek mal, da kommt der Hund mit den zwei Arsch-
löchern.«

Ein Polizist kommt nach Hause.
»Du«, sagt seine Frau, »der Lehrer war da, unser Sohn soll auf die
Hilfsschule.«
»Na, wenn er das Zeug dazu hat . . .!«

Ein Polizist steht in der Küche und versucht, eine Fischbüchse zu öff-
nen. Erst reißt er die Lasche ab. Dann verbeult er mit dem Büchsen-

öffner die Seitenwände. Dann verbeult er den Deckel. Schließlich nimmt der Polizist seinen Gummiknüppel, haut mehrfach kurz auf die Dose und sagt: »Aufmachen, Deutsche Volkspolizei!«

Ein Polizist steht auf der Schönhauser, da wo die Haltestelle ist, vorm Uhrenladen, und guckt immer wieder voll Begeisterung auf seine neue Uhr. Ein Mann sieht eine ganze Weile zu.
›Ich werd' ihm einen Gefallen tun‹, denkt sich der Mann, geht zu dem Polizisten und fragt nach der Zeit.
»Es ist genau«, sagt der Polizist, »zwölf durch achtundvierzig. Aber ausrechnen mußte Dir dit alleene.«

Zwei Polizisten laufen Streife auf der Wilhelm-Pieck-Straße.
»Komm«, sagt der eine und beißt von seiner Boulette ab, »komm, laß uns auf die andere Seite gehen.«
»Wieso denn?«, sagt der andere, »hier is doch viel mehr Sonne.«
»Ja, aber mein Zahnarzt hat gesagt, ick soll mal auch uff der andern Seite kauen.«

Ein Polizist steht auf der Wilhelm-Pieck-Straße und hat einen weißen und einen schwarzen Stiefel an. Kommt 'ne Funkstreife und hält an.
»Genosse!«, sagt der Fahrer, »Du hast einen weißen und einen schwarzen Stiefel an. Geh mal nach Hause und kleide dich mal richtig.«
»Nee«, sagt der Polizist, »da steht ooch bloß een weißer und een schwarzer!"

Früher waren die Uniformen bei der Polizei orange und weiß. Weiß für die Unteren, orange für die Oberen. Und für jede dumme Antwort hat es dann einen kleinen grünen Punkt gegeben.

Schnittlauch: außen grün, innen hohl — und kommt nur im Bündel vor.

Können Polizisten schwimmen? Einerseits ja, weil sie ja innen hohl sind, andererseits nein, weil sie ja nicht dicht sind.

Ein Polizist fällt von der Brücke und schreit um Hilfe. Kommt ein Mann vorbei.
»Kannste russisch?« fragt der Mann.
»Ja!« schreit der Polizist.
»Kannste schießen?«
»Ja!« schreit der Polizist.
»Kannste Judo?«
»Ja!« schreit der Polizist.
»Siehste! Schwimmen hätt'ste lernen solln.«
(eine etwas herb abgewandelte Anleihe beim jiddischen Witz . . .)

Ein Polizist sieht am Schaufenster einer Zoo-Handlung einen Jungen. Der schliert den Zeigefinger an der Scheibe langsam hoch und wieder runter.
»Was machst Du denn da?« fragt der Polizist.
»Sehen Sie, Herr Wachtmeister«, sagt der Junge, »Sie müssen ganz genau hingucken. In dem Aquarium hinter der Scheibe sind Fische. Wenn ich mit dem Finger an der Scheibe hoch- und runterrutsche, folgen die Fische meinem Finger nach. Weil eben Organismen mit höherer Intelligenz den Organismen mit niederer Intelligenz ihren Willen aufzwingen.« Spricht es und geht.
Nach einer Stunde kommt der Junge wieder an der Zoo-Handlung vorbei. Starr steht der Polizist vor der Scheibe, öffnet den Mund zu einem schmalen Oval, verharrt einen Moment, schließt den Mund, entspannt und beginnt von neuem.

Die Humboldt-Universität sichert sich die Option auf die Organe noch lebender Zeitgenossen. Ein Handwerker, ein Professor und ein Offizier bieten ihr Gehirn an. Der Handwerker bekommt 1000 Mark Option, der Professor ebenfalls 1000 Mark. Der Offizier 2000.
»Also, das verstehe ich nicht«, sagt der Assistenzarzt, »für das Gehirn

eines Handwerkers 1000 Mark — meinetwegen, für das Gehirn eines Professors 1000 Mark — meinetwegen, aber ganze 2000 Mark für das Gehirn eines Offiziers!?«

»Tja«, sagt der Oberarzt, »unbenutzt, so gut wie Neuwert!«

Im Korridor der Abteilung Inneres sitzen die Leute und warten und warten. Es geht und geht nicht weiter. Plötzlich kommt ein Mann, klopft an, geht rein, und nach ein paar Minuten ist er mit seinen Ausreisepapieren wieder draußen.

»Mensch!?« fragen die anderen, »wie haben Sie denn das gemacht?«

»Ganz einfach«, sagt der Mann, »früher war ich doch Hilfsschullehrer. Wie ich in die Tür komme, sitzen da alle meine Schüler von früher. So! sage ich: Diktat. Ihr nehmt jetzt mal alle brav den Bleistift in die rechte Hand und schreibt auf, was ich Euch sage . . .«

Dieser Witz kam Anfang 1984 mit der großen Ausreisewelle auf. Die Großserie dieser Witze aber begann etwa 1978 mit dem Diagonal-Witz. Nur die Witze mit der höheren Intelligenz, der Option und den vier Sprachen sind älter und stammen aus der Zeit vor 1970. Parallel gab es — besonders unter Musikanten erzählt — eine andere Serie von Polizisten-Witzen, die aber wahrscheinlich älter als die DDR ist. Davon drei Exemplare:

Zwei Musiker sitzen nachts auf dem Pflaster und blicken an einer Laterne empor.

»Das ist der Mond«, sagt der eine.

»Nein, nein. Das ist die Sonne«, sagt der andere.

Kommt ein Polizist des Weges.

»Duhu, sag mal«, sagen die beiden Musiker, »was ist das? Die Sonne oder der Mond?"

Guckt der Polizist nach oben: »Welchen von beiden meint Ihr denn?«

Ein Mann kraucht auf allen vieren um eine Laterne herum. Kommt ein Polizist des Weges und fragt, ob er irgendwie helfen kann.
»Ich habe meine Schlüssel verlorn«, sagt der Mann.
Darauf setzen beide gemeinsam die Suche fort.
»Sagen Sie mal«, fragt der Polizist nach einer halben Stunde, »wo haben Sie denn eigentlich Ihre Schlüssel verlorn?«
»Na, dahinten.«
»Und warum suchen wir nicht dahinten?«
»Na, dahinten is ja kein Licht.«

Ein Mann sitzt am Fuß einer Laterne und heult. Kommt ein Polizist des Weges und fragt, ob er irgendwie behilflich sein kann.
»Meine Frau«, sagt der Mann, »läßt mich nicht rein.«
»Versteh' ich nicht«, sagt der Polizist, »brennt doch noch Licht.«

Als Marginalie folgen **zwei** Fassungen eines Witzes. Das Original stammt von etwa 1955, die verkürzte, harte Fassung von etwa 1982.

Auf'm Alex steht 'n kleener Junge mit 'n kleenen Hund. Kommt'n Polizist.
»Na, mein Junge«, sagt der Polizist, »dit is doch nischt mit dem Hund, der langweilt sich hier doch bloß.«
»Aber, Herr Wachtmeister«, antwortet der Junge, »wir warn ja eben im Kino.«
»Na, und jetzt?«
»Jetzt wissen wa nich, wat wa machen solln.«
»Hier, haste 'ne Mark«, sagt der Polizist, »nimm Deine Töle und fahr mit ihr in't Grüne.«
Nach zwee Stunden kommt der Polizist wieder an derselben Stelle vorbei und sieht den kleenen Jungen mit seinem Hund.
»Wat denn!?«, sagt der Polizist, »ick denke, Du bist mit Deinem Köter im Jrünen?«
»Klar, warn wir. Aba jetzt mußte mir wieda 'ne Mark jeben — jetzt willa wieder in't Kino.«

114

Zwei Polizisten laufen Streife auf'm Alex. Plötzlich sehen die beiden einen Pinguin.

»Du, wat solln dit hier?« sagt der eine, »bring mal den Pinguin in'n Zoo.«

Nach zwei Stunden trifft der eine Polizist den anderen Polizisten mit dem Pinguin an der Hand.

»Wat denn, ick denke, Ihr wart im Zoo!?«

»Warn wa, aba jetzt jehn wa in't Kino.«

Nicht nur das Wort Zoo — die Hauptstadt hat einen Tierpark — weist darauf hin, daß die beiden Belege vielleicht keinen DDR-Ursprung haben, aber beide sind absolut typisch für die Zeit, in der sie in der DDR erzählt wurden.

Ein Auto wird auf der Autobahn von einem Streifenwagen überholt und gestoppt. Vier Polizisten steigen aus und gehen auf den Wagen zu.

»Deutsche Verkehrspolizei, Oberwachtmeister Hübner«, stellt sich der eine dem Autofahrer vor. »Wir fahren schon seit über hundert Kilometern hinter Ihnen her, und ich möchte Ihnen hiermit mitteilen, daß Sie wegen Ihrer rücksichtsvollen und verkehrsgerechten Fahrweise von uns mit unserer jährlichen Auszeichnung Bester Kraftfahrer prämiert werden. Wenn Sie hier bitte unterschreiben wollen, es ist eine Geldsumme von 800 Mark damit verbunden.«

»Au prima!«, sagt der Fahrer, »dann kann ich ja gleich von dem Geld meine Fahrerlaubnis machen!«

»Hörn Se nich auf meinen Mann«, sagt die Frau neben ihm, »der redet immer so'n Unsinn, wenn er betrunken is.«

»Siehste!«, ertönt hinten eine Kinderstimme, »ick hab's ja gleich jesagt: Mit'm jeklauten Auto kommen wir nich weit!«

Im selben Augenblick geht hinten die Kofferhaube auf, Oma guckt hervor und wispelt: »Was denn? Sind wir schon im Westen?"

Unbekanntes Jerewan

Anfrage   an den Sender Jerewan:
          »Können Männer Kinder kriegen?«
Antwort: »Im Prinzip nein. Aber gehen Sie mal in die DDR, für
          Westgeld machen die alles.«

Jede Serie, wird sie zu groß aufgelegt, stirbt. Das ist wie mit Kraftaus-
drücken oder Modeworten: Plötzlich werden sie so vielen Aspekten
zugeordnet, daß sie sich bis zur Sinnlosigkeit entleeren und wieder
ins Vergessen sinken. Die einstmals geniale, stets verblüffende Form,
aus der sich der gesellschaftliche Alltag »wie aus einem Guß« heraus-
schlagen ließ, ist berechenbar geworden, muß für zu vieles herhalten, leiert aus. Ein Witz, dessen Ende man vorausahnt, ist wie eine
angerissene Melodie, deren Bogen man selber zu Ende führen kann:
trivial. Dieser Gefahr sind die Witzserien der DDR souverän ausge-
wichen — war das Thema erschöpft, wurde die Serie eingestellt und
kam ins Gedächtnisarchiv, um nur dort noch hin und wieder aufgefüllt zu werden. Mehr noch: Je enger der formale Kanon gesteckt
war, desto kleiner war die Auflagenhöhe. Dies trifft vor allem für die
allererste der berühmten Großserien zu: Anfrage an den Sender
Jerewan.
Daß von 1972 an ein Batzen »Radio-Eriwan«-Taschenbücher bei
Fischer gefüllt wurden, spricht bei näherer Betrachtung nicht gegen
meine Theorie: Obwohl ein Gutteil schlichtweg gute Witze sind,
machen nur sehr wenige Exemplare den Eindruck des Originären;
die Quantität ist durch allzu viele Doubletten aufgeblasen. Haupt-
sächlich aber scheint es ein mehrbändiges Kompositum bekannter
Witze unterschiedlicher Herkunft zu sein — wahllos übernommen

und derart grob und ungeschlacht in die vorgegebene Form gepreßt, daß die Originale oft bis zur Unkenntlichkeit verzerrt wurden.

Bei näherer Betrachtung zeigt sich, daß die geniale Jerewan-Form dermaßen praktikabel ist, daß sie sich gar zu leicht mißbrauchen läßt, sich fast gefügig jedem Inhalt beugt und auch für jede Art Grau-Guß zur Verfügung steht.

Das Erstaunlichste für mich war, daß mir mit Ausnahme von einigen Jerewan-Klassikern nicht einer dieser Witze je über den Weg gelaufen ist. Ich müßte annehmen, daß die Fischer-Herausgeber den langen Marsch durch Mütterchen Rußland antraten, um schließlich am Fuße des Kaukasus in der armenischen Hauptstadt Jerewan die reiche Ernte einzubringen. Ich müßte, wäre da nicht die Bedenkenlosigkeit, mit der die Bücher aus anderen Ressourcen aufgefüllt wurden. Mit den ihrer fragwürdigen Galanterie entkleideten Urahnen des »galanten« Witzes: »Stören häßliche Beine einen Mann bei der Liebe?« — »Im Prinzip nein. Im entscheidenden Moment werden sie ohnehin auf die Seite gelegt.« Oder aufgefüllt mit Skatkalauern, einem Haufen DDR-Witzen, Anleihen aus der Ödipus-Schnödipus-Wasserkopf-Serie, einer Unmenge von umgewandelten deutschen Wortspielen, fast original abgekupferten jiddischen Witzen.

Eines der Eriwan-Bändchen scheint sogar eine reine Erfindung zu sein; den Eindruck kann es jedenfalls kaum verhehlen: Ich habe sogar eine unserer schönsten Cafégorien, leicht zermanscht, wiedergefunden. Und allzu russophil geht es auch nicht zu — und bitte, das schiebe man nicht den Armeniern in die Schuhe, sonst muß ich zu einem längeren Vortrag über die Armenier und das Osmanische Reich ausholen ... Frage an Radio Eriwan: »Ist es wahr, daß ein Russe seine Schwiegermutter sogar mit einem Handtuch erschlagen kann?« Radio Eriwan antwortet: »Im Prinzip ja. Er muß nur ein Bügeleisen hineinwickeln ...«

Selbst alte großdeutsche Baikal-Witze müssen herhalten. Frage an Radio Eriwan: »Früher gingen die stolzen Araber immer einige Schritte vor ihren Frauen. Doch seit dem Sechs-Tage-Krieg gegen Israel lassen sie ihren Frauen den Vortritt. Was hat diesen erstaunlichen

Sinneswandel verursacht?« Radio Eriwan antwortet: »Die vielen Tretminen, die immer noch auf den Straßen liegen.« Das Original dazu: In Mazedonien — nach Belieben austauschbar mit Montenegro, Bosnien-Herzegowina, Kroatien, Slowenien, wohin das Reich so jeweils reichte — in Serbien läuft immer die Frau vorneweg, dann die Kinder, dann der Esel mit Gepäck und dahinter der Familienchef etc. . . . .
Natürlich, in der DDR waren auch diese Witze bekannt: Besucht Israel, das Land der Pyramiden! Oder: Sowjetische Ausbilder bringen den ägyptischen Piloten immer nur das Starten bei. Die Piloten wollen aber auch wissen, wie man landet. »Das zeigen Euch die Israelis«, sagen die Ausbilder. Aber das Eigentliche für die Leute in der DDR war nicht so sehr der schnelle Sieg der Israelis als die Tatsache, daß im Neuen Deutschland die Ägypter noch im erfolgreichen Vormarsch waren, als der Krieg für die Israelis im Westfernsehen schon längst beendet war. Wie dem auch immer: Diese Witze existieren in der DDR im Gegensatz zu denen in den näher berachteten Büchern nicht als Jerewan-Witze.
Im Gegenteil, der Witz der Saison war einer aus den fünfziger Jahren, der jetzt erst seine Hochblüte erreichte:

Ein Franzose, ein Amerikaner, ein Russe und ein DDR-Bürger unterhalten sich über Wunderwaffen jeweiliger Epochen.
»Hätte Hitler«, sagt der Amerikaner, »die Atombombe gehabt, hätte er den Krieg gewonnen.«
»Hätten **wir** die Atombombe gehabt«, sagt der Russe, »wäre Hitler erst gar nicht bis vor Moskau gekommen.«
»Hätte Napoleon«, sagt der Franzose, »das Repetiergewehr gehabt, hätte er bei Waterloo nie verloren.«
»Hätte Napoleon bei Waterloo das Neue Deutschland gehabt«, sagt der DDR-Bürger, »dann hätte erst gar keiner von seiner Niederlage erfahren.«

Frage an Radio Eriwan. Anfrage an den Sender Jerewan. Es ist eben keine **Frage,** das Normale, Alltägliche, nein, es ist eine **Anfrage,** die

118

devote Bitte um eine geneigte Auskunft. Hier wendet sich das Individuum an den Staat direkt, untertänigst. Und **Anfrage** steht für das vielleicht wesentlichste ethische Problem der sozialistischen Staaten: dem tragisch unterentwickelten Verhältnis von Individuum und Gesellschaft. Der Beantworter ist in jedem Fall ein gesellschaftlicher Repräsentant. Eine Frage würde er nicht beantworten, eine an ihn gerichtete Anfrage aber bearbeiten. Das Wort Anfrage bedingt erst den Humorwert, das naive Infragestellen, die Hinterlist: Was wird wohl der Herr Staat dazu sagen? Und erinnern wir uns: Die erste Dissidenz war offiziös, besonders in der Sowjetunion. Und der neue Herr Staat, der gerade erst den Tyrannen vom Thron gekippt hat, antwortet in Gestalt eines übernommenen, provinziellen Machtorgans. Mal zu direkt, mal zu indirekt; mal über der Gürtellinie der Partei, mal unter der Gürtellinie der Partei; aber immer prinzipienfest und entwaffnend blauäugig:

Anfrage   an den Sender Jerewan:
           »Kann das Politbüro irren?«
Antwort: »Natürlich, das Politbüro ist auch nur ein Mensch.«

Na bitte, der hehre Herr Staat erweist sich als ein Mensch wie Du und ich, und Jerewan ist das Unnormale zum Alltäglichen erhoben. Was Wunder, daß der Jerewan-Witz in der DDR zum Erfolg wurde: Fangfragen, unantastbar vorgetragen, und eine entfernte Sendestation als Antithese zum allzu gegenwärtigen Überbau . . .
Noch etwas ist fragwürdig am Stereotyp: Frage an Radio Eriwan. Die russische Aussprache ist Jerewan. Die deutsche ist es auch, zumindest in der DDR. Eriwan ist eine Mißdeutung der kyrillischen Schreibweise.
Das wesentlichste Eingeständnis, das ich machen muß, ist das meiner Unfähigkeit, das Ursprungsland der Jerewan-Serie zu lokalisieren. Wohl weiß ich, daß auf dem 22. Parteitag der KPdSU ein Delegierter aufgestanden sein und seine Rede mit den Worten begonnen haben soll: »Genossen, ich bin vom Sender Jerewan . . .«, und der Saal

brach lachend zusammen — aber einerseits verbürge ich mich nicht für den Wahrheitsgehalt dieser Episode, und andererseits habe ich keinen glaubwürdigen Beleg dafür, daß die Serie originär aus der Sowjetunion stammt. Mir jedenfalls erschien es immer, als sei der Jerewan-Witz in der DDR geboren, Jerewan bestenfalls ein sagenumwobenes politisches Samarkand aus dem Märchen, in dessen Ätherwellen nicht mehr ein eiserner Timur-Bey, sondern Timur der Leninpionier aus dem berühmten Film von Arkadi Gaidar jene angerufene Autorität war, die die listige Libertinage politischen Tauwetters verkündete, während in der DDR der Zenit des Ulbrichtschen Dogmatismus längst nicht überschritten war und man noch verdächtigt wurde, »unter dem Deckmäntelchen des Kampfes gegen den Stalinismus revisionistische Ideen einführen zu wollen«, wenn man gar zu arg nach Moskau schielte . . .

Anfrage   an den Sender Jerewan: »Kann ein sozialistischer Leiter leiten?«
Antwort: »Im Prinzip ja. Aber haben Sie schon einmal einen Zitronenfalter gesehen, der Zitronen faltet?«

Anfrage   an den Sender Jerewan: »Was passiert, wenn der Sozialismus in der Sahara eingeführt wird?«
Antwort: »Die ersten zehn Jahre passiert gar nichts. Und dann wird allmählich der Sand knapp.«

Anfrage   an den Sender Jerewan: »Stimmt es, daß die DDR mit Volldampf in den Sozialismus fährt?«
Antwort: »Im Prinzip ja. Aber achtzig Prozent davon braucht sie zum Tuten.«

Anfrage   an den Sender Jerewan: »Stimmt es, daß es im Kommunismus kein Geld mehr geben wird?«
Antwort: »Im Gegenteil: **Nur** noch Geld.«

Die nächste Anfrage bedarf der Erläuterung. Walter Ulbricht liebte es, seine Umwelt mit sinnlich faßbaren Forderungen zu erschrecken. Um den Breitensport zu beleben: »Jeder Mann an jedem Ort, einmal in der Woche Sport!« Um »Kunst und Literatur« als inneres Bedürfnis zu wecken: »Jeder zweite Atemzug Kultur!« Um vor allem den moralisch untadligen Charakter zur politischen Norm zu machen: »Jeder sozialistische Leiter ein Vorbild — jeder sozialistische Leiter ein Wegbereiter!«

Aber eines Tages rückte Walterchen seinen Klassiker heraus: »Überholen ohne einzuholen!« Die Verblüffung war allgemein. Zwar bot Sender Jerewan eine Deutung an, eine Auslegung des weisen Wortes aber wollte niemandem gelingen. Wie auch? Die Zeit der gewaltigen Überholpsychosen war noch nicht so lange her, da die Chinesen zum Großen Sprung angesetzt und gräßlich auf die Schnauze gefallen waren (»nicht jeder, der springt, kommt an«), da Chruschtschow zu Hause wieder einmal den Sozialismus abgeschafft und — als sei es die Sommerzeit — die Einführung des Kommunismus proklamiert und gleichzeitig versucht hatte, dem Westen die DDR-Hauptstadt und der DDR den separaten Friedensvertrag zu vermachen, derweil Walterchen prognostizierte, die DDR würde Westdeutschland im Pro-Kopf-Verbrauch ein- und überholen und das gleich noch bis Jahresende. Und nun dies! Überholen *ohne* einzuholen! So einfach kann das sein — eine glatte Frage der Formulierung . . .
Daß Ulbricht der DDR die Doktrin einer eigenen, inhaltlich autarken Entwicklung verpassen wollte, die des Westens als Maßstab weder bedurfte, noch ihn wollte, hat weder Volk noch Partei-Volk begriffen. »Besser werden als der Westen« — das saß schon zu tief in den Köpfen und rutschte nur noch zum Versorgungscredo der Honnie-Ära

herab: Sozialismus ist, wieviel Westen man sich leisten kann. (Pro-Kopf, Im-Kopf, Am-Kopf)

Wie sehr aber Walters berühmter Orakelspruch den existentiell wichtigsten Ansatz der DDR-Geschichte in sich (ver)barg, dämmerte vielen, als zehn Jahre nach seinem Tode die von ihm bekämpfte und die von Honnie in die Praxis umgesetzte Konvergenztheorie nicht nur Richtung, sondern auch Gewichtung erfuhr und 1983/84 als neue Definition die Runde machte — die DDR: das ist Hongkong vor der Tür.

Anfrage   an den Sender Jerewan: »Können Sie uns die These ›Überholen ohne einzuholen‹ erläutern?«

Antwort: »Das ist ganz einfach: Zwei Leute wollen aus dem zehnten Stockwerk eines Gebäudes. Der eine nimmt den Fahrstuhl. Der andere öffnet das Fenster und springt raus. Das nennt man überholen ohne einzuholen.«

Anfrage   an den Sender Jerewan: »Stimmt es, daß der Kapitalismus im Sterben liegt?«

Antwort: »Im Prinzip ja. Aber was für ein schöner Tod!«

Anfrage   an den Sender Jerewan: »Stimmt es, daß die ganze Welt einmal sozialistisch wird?«

Antwort: »Im Prinzip ja. Außer Italien.«

Nachfrage: »Warum außer Italien?«

Antwort: »Na, irgendwo müssen wir doch Urlaub machen können!«

Variante I

Anfrage   an den Sender Jerewan: »Kann selbst die Schweiz sozialistisch werden?«

Antwort: »Gewiß. Aber es wäre schade um das schöne Land.«

Variante II

Anfrage   an den Sender Jerewan: »Kann auch Schweden sozialistisch werden?«

Antwort: »Ja! Aber es wäre schade um die schöne Industrie.«

Anfrage   an den Sender Jerewan: »Bitte, definieren Sie mir den Kapitalismus.«

Antwort: »Kapitalismus ist die Ausbeutung des Menschen durch den Menschen.«

Nachfrage: »Und wie ist es mit dem Sozialismus?«

Antwort: »Da ist es genau umgekehrt.«

Anfrage   an den Sender Jerewan: »Sind im Kommunismus alle Menschen gleich?«

Antwort: »Aber ja. Nur einige sind etwas gleicher.«

Anfrage   an den Sender Jerewan: »Wird es im Kommunismus noch eheliche Untreue geben?«

Antwort: »Selbstverständlich. Es wird auch im Kommunismus noch Überbleibsel aus der sozialistischen Gesellschaftsordnung geben!«

Anfrage   an den Sender Jerewan: »Kann ein junger Genosse einen älteren Genossen kritisieren?«

Antwort: »Im Prinzip ja. Aber es wäre schade um den jungen Genossen.«

Anfrage   an den Sender Jerewan: »Können Sie die geographische Besonderheit der DDR erläutern?«

Antwort: »Ein Flachland mit Engpässen.«

Viele Jerewan-Fans haben sich einreden lassen, daß die Antwort der lakonischen Autorität immer mit »Im Prinzip . . .« beginnen muß. Das kann nur ein Vergnügen für Puristen sein, denn je enger, je angepaßter die Form ist, desto eher stirbt die Gattung. Das Stereotyp »Im Prinzip ja« (oder »nein«), das die weitere Beantwortung von vornherein in den Widerspruch zwingt, stand nicht am Anfang der Serie. Aber es wurde dominierend, als sein Archetypus die Runde gedreht hatte. Ich habe hier versucht, das Fossil in seiner wohl ältesten und auch vielschichtigsten Form zu rekonstruieren:

Anfrage   an den Sender Jerewan: »Können Sie bestätigen, daß der Genosse Mikojan bei einer Feierstunde im Kreml in Würdigung seiner Leistungen als Prämie ein Auto geschenkt bekam?«

Antwort: »Im Prinzip ja. Aber erstens handelte es sich bei diesem Mikojan nicht um den Genossen Anastas Iwanowitsch, Vorsitzender des Präsidiums des Obersten Sowjets, sondern um den Bauarbeiter Mikojan, Alexej Antonowitsch aus Odessa. Zweitens war es im Prinzip auch keine Feierstunde im Kreml, sondern eine Sitzung der Disziplinarkommission des Rayonkomitees. Drittens handelte es sich im Prinzip um keine Prämie in Würdigung von Mikojans Leistungen, sondern um sein Parteiausschlußverfahren wegen ständiger Trunkenheit auf dem Bau. Viertens bekam Mikojan im Prinzip kein Auto geschenkt, sondern ihm wurde vor der Baubaracke das Fahrrad gestohlen.«

Unverbrüchliche Freundschaft

Ein Minister fährt Straßenbahn

Angeblich ist das der kürzeste Witz der DDR — laut Volksmund sogar ganz bestimmt. Der Beste aber ist er gewiß nicht, denn laut Preisausschreiben von Radio Jerewan bekommt man für den zwanzig Jahre. Niemand hat, obwohl der Sender schon vor mehr als zwanzig Jahren seine Tätigkeit nach und nach einstellte, jemals erfahren, welcher der Beste ist. Nach und nach heißt, daß irgendwann die Klammer von Anfrage und Antwort entfiel: die Witze wurden kürzer.

Warum wird das DDR-Staatswappen verändert — statt Hammer und Zirkel kommen zwei Peperoni in den Ährenkranz? — Die Kleinsten sind die Schärfsten.

Warum gibt es in der DDR keine staatliche Familienplanung? — Die Produktionsmittel liegen in privater Hand.

Solche Konstruktionen wurden zwar von Nostalgikern im Jerewan-Kanon erzählt, aber sie klangen darin merkwürdig hohl, die Erzählweise war für den erwachenden Zeitgeist zu aufwendig geworden. War es doch ein eisernes Dogma des DDR-Witzes schon immer gewesen: einen Effekt zu erreichen, der ungleich größer ist als der Aufwand. Wie in anderen Kulturen, dem jiddischen Witz, der chinesischen Fabel.

Ein Mann stahl von seinem Nachbarn jeden Tag ein Huhn.
»Man darf nicht stehlen«, sagte ihm jemand.
»Nun gut«, versprach der Hühnerdieb, »ich werde mich einschränken. Von nun an werde ich monatlich nur noch ein Huhn wegneh-

126

men und ab nächstes Jahr ganz und gar damit aufhören. Was meinst
du dazu?«   (Mengzi — 372-289 v. u. Z.)

Ein katholischer, ein evangelischer und ein jüdischer Geistlicher wer-
den vom Papst empfangen.
Der katholische Priester kniet nieder und küßt dem Papst die Hand.
Dann winkt der Papst dem evangelischen Pfarrer: »Sie sind immerhin
Christ. Sie dürfen meinen Fuß küssen.«
Hierauf wendet sich der Papst dem Rabbiner zu. Doch bevor er noch
etwas sagen kann, macht der Rabbiner kehrt und sagt:
»Ich kann es mir schon denken. Ich geh' lieber.«

Mit der altchinesischen Fabel verbindet den DDR-Witz die Affinität
zum Irrealen:

Im Staate Song beobachtete ein Bauer beim Pflügen, wie ein Hase
gegen einen Baum rannte und sich dabei das Genick brach. Da legte
er sein Ackergerät beiseite, setzte sich neben den Baum und wartete
auf weitere Hasen . . .   (Han Feizi — ?-233 v. u. Z.)

Doch im Gegensatz zum DDR-Witz will die chinesische Fabel — und
der kritische Gehalt war eine Forderung an die Literatur — durch Ver-
mitteln von Weisheit zum Protest anregen:

Als Kaiser Zhou Eßstäbchen aus Elfenbein verlangte, ahnte sein Minister Ji Zi nichts Gutes. Denn wer mit Elfenbeinstäbchen ißt, dem werden irdene Schüsseln nicht mehr genügen, der wird Schalen aus Jade
und Büffelhorn verlangen. Und statt Reis und Gemüse wird er das
zarte Fleisch von Leopardenjungen oder von Elefantenschwänzen
fordern . . .
Schon fünf Jahre später war Zhou ein gefürchteter Tyrann, der seine
Untertanen grausam quälte. Berge von Fleisch häuften sich auf seiner
Tafel, und es floß so viel Wein, daß man einen Teich hätte füllen können.
So kam es schließlich zu seinem sicheren Fall.   (Han Feizi)

Warum gibt es in der DDR kein AIDS? — Weil in der DDR sowieso keiner 'n Arsch in der Hose hat.

Zum Protest ermuntern will der DDR-Witz nicht — braucht er auch nicht, es wird keiner stattfinden. Er bestärkt nicht die Meinung, er formuliert sie. Nur der Aspekt ist wichtig:

1986 ist ein mittleres Jahr: Nicht mehr ganz so gut wie 1985, aber auch nicht ganz so schlecht wie 1987.
(seit 1982 bekannt)

Alles ist schlechter geworden, nur eines ist besser geworden: Die Moral ist schlechter geworden.

Dieser Witz ist in der DDR eine einsame Ausnahme. Er ist so nah an der Wahrheit, daß die in ihm bemühte Dialektik nicht mehr zur Wirkung kommt; eine triviale Hoffnung zu glauben, daß man aus einer sinkenden Moral das Potential zum sicheren Fall eines Kaisers ableiten kann — eine als Witz kaschierte bissige Bemerkung, die nur auf eines aufmerksam macht: Alles ist schlechter geworden — auch die Moral ist schlechter geworden. Leider.

Warum gibt es in der DDR keine Champignons? — Kaum kiekt 'n heller Kopp vor, wird er abgeschnitten.

Was ist Meinungsaustausch? Wenn ich mit meiner Meinung zu meinem Chef ins Zimmer gehe und anschließend mit seiner Meinung wieder herauskomme.

Also, welche beiden Systeme sind miteinander unvereinbar? Das Sozialistische System und das — na?, na? — na, das Nervensystem!

Welche sind die drei wichtigsten Repräsentanten der Sowjetunion in der DDR? — Abrassimow, Lunikoff (Wodka) und Bungalow.

Über den westdeutschen Schauspieler Kieling, der ein Wanderer zwischen den Welten war:

Kennen Sie Kieling? — Nur flüchtig.

Übrigens: der Gewerkschaftsbeitrag wird erhöht. Weil die DDR zum Traumschiff die Schwarzwaldklinik dazukaufen will.
(Anfang der Sechziger wurde der Luxus-Liner MS Völkerfreundschaft, am Mittelmeer vorbeikreuzend, via Schwarzes Meer dampfend, mit Spendenmarken der Gewerkschaft finanziert . . .)

Nächstes Jahr kostet die Schachtel Streichhölzer nicht mehr 10, sondern 20 Pfennige. Wegen dem neuen Gebrauchswert: Der Kopp is dann auf der anderen Seite.

Was ist der Unterschied zwischen dem Chikagoer Zentralfriedhof und Ostberlin? — Ostberlin ist nur halb so groß, dafür aber doppelt so tot.

Welche Gesellschaftsordnung folgt dem Sozialismus? —
Der Sawtrabudhismus.
(swatra budjet, russ.: morgen wird es)

Die DDR-Partnerstadt von Tschernobyl? — Strahlsund.

Wenn wir hinten sind, ist eben hinten vorn. Solche Kurzformen, in der DDR Parteitagssprüche genannt, stammen aus einer üppig blühenden Bürokultur.

Ursprünglich sind sie die Verballhornung der zehn Gebote der Sozialistischen Moral gewesen, die der Anti-Christ um 1960 in der DDR auf Plakaten verkündete. Walter Ulbricht hatte die Moralgesetze 1958 auf dem V. Parteitag als festen Bestandteil der neuen Weltanschauung formuliert. Sie waren eher harmlos — wie das neunte Gebot: Du sollst sauber und anständig leben und Deine Familie achten.(!) Der Erfolg war total: Der einzige Apostel, der die Gebote ernst nahm, war Chefkommentator Scharl-Eduard vom Schwarzen Kanal, der in der Wanne, dem Kreuzungspunkt zwischen Nachrichtenstudios und Kantinen, privat ausgeheckte Gebote des Sozialistischen Fernsehmitarbeiters auf einem Schreibmaschinenbogen proklamierte.

Etwa zehn Jahre lang, bis zu seinem Zerfall, hing der Zettel. Niemand hat gewagt, ihn abzureißen. Und genausolang hielten sich auch die Verdikte gegen — man glaubt es heute kaum — gegen Bart, zu langes Haar, zu kurzes Haar (kurzes Haar konnte entweder eine Glorifizierung von GI's etc. sein, oder eine Ironisierung der Muschiks), gegen Maxi-Röcke, gegen Mini-Röcke, für die BH-Pflicht vor und hinter der Kamera, denn der Fernseh-Angestellte hatte nicht nur pünktlich, er hatte adrett wie sein Produkt zu sein. Und da hatte der Aktricen- und Chantösen-Förderer Scharl-Eduard eben **seine** Wertvorstellungen.

Heute, greiser, vielleicht weiser geworden, trägt auch Scharl-Eduard auf der Röhre seinen Bart, und zwar — ungeheuerlich! — einen ungepflegten. Der dunnemals einzig erlaubte Bart war der des Vorsitzenden des Verteidigungsrates — Reservisten beliebten sich immer wieder darauf zu berufen. Die Antwort war stereotyp: Genosse Ulbricht trägt einen gepflegten Bart.

Die Sprüche kommen als politische Losungen daher, sind teilweise aus solchen abgeleitet. Sie sind die kürzeste Definition der seit etwa 1982 ausklingenden Unmögliches wird sofort erledigt, Wunder dauern etwas länger-Epoche, die in drei Erkenntnissen kulminierte: Wer bei diesem Wetter nicht krank ist, kann ja nicht gesund sein Privat geht vor Katastrophe und Es gibt keinen Arbeitskräftemangel, es gibt nur zu viele Planstellen.

Gegenüber Oldtimern wie Vor zwei Jahren konnte ick dit Wort Inkschenjör noch jar nich schreiben und heute bin ick eener stellten die Parteitagssprüche einen Qualitätssprung ins Gesellschaftliche dar.

Es gab diese Sprüche — eigentlich undenkbar bei dem Druckgenehmigungswesen der DDR — sogar als Poster. Wohl dem Bibliophilen, der es hat. Ich hab's nicht.

Wissen ist Macht.
Nichts wissen macht nichts.

Wo wir sind klappt nichts.
Leider können wir nicht überall sein.
(Den Spruch kann man unter der Überschrift **Mehr Spaß überall!!** beim Aufkleberservice 040/6 90 17 37 als Nummer 112 des Button-Kults erhalten.)

Wir wissen zwar nicht, was wir wollen,
das aber von ganzem Herzen.

Wir wissen zwar nicht, was wir machen sollen,
aber was wir machen, machen wir richtig.

Man muß nicht nur keine eigene Meinung haben,
man muß auch unfähig sein, sie zu äußern.

Es gibt viel zu tun,
fangt schon mal an.
(Button N° 1 — Aufkleberservice: . . . zu tun, warten wir es ab.)

Jeder macht, was er will.
Keiner macht, was er soll.
Und alle machen mit.
(Das erinnert mich an die Mach-mit-Bewegung »Schöner unsere Städte und Dörfer«.)

In der Serie Meine Hand für mein Produkt gab es die Aufforderung: Spare mit jedem Pfennig, jeder Mark und jeder Minute. Daraus wurde Spare mit jedem Pfennig, koste es was es wolle.
Während solche Slogans wie Die FDJ zieht in den Wald und macht den Borkenkäfer kalt (zum FDJ-Parlament 1985), derart für sich standen, daß man sie beim besten Willen nicht hätte verbessern können, wurden andere Parolen bedenkenlos variiert. Wenn Erich Honecker 1986 sagen konnte Arbeitszeit ist Leistungszeit, so muß man einfach das Verständnis dafür aufbringen, daß dieser Formel etwa vier Jahre harter propagandistischer Arbeit vorausgegangen sind, mit der dem DDR-Bürger klargemacht werden mußte, daß die neuen, der westlichen Gestattungsproduktion angepaßten Kennziffern etwas knackiger ausfallen als das bisher zu erfüllende Soll.
Gerade zu dem Zeitpunkt, als — zeitversetzt — die Null-Bock-Mentalität und No-Future-Power in einer vollen Welle aus dem Aussteigerwesten herüberschwappten, begann Erich praktisch einzuführen, was ideologisch abgelehnt wurde: die Leistungsgesellschaft. An zentralen Sichtelementen der Hauptstadt prangte: Ich leiste was. Du leistest was. Wir leisten uns was. Den Kick bekam die Sache durch die wahlweise Betonung von Wir oder was. Für ganz Taube gab es auch die Variante: Die leisten sich was. Das Modell dazu war älter: Vorwärts zu allem Möglichen. Hier kann man der Reihe nach das erste, zweite, dritte, vierte Wort betonen und erhält so vier verschiedene Aussagen.

Aber ach! Macht kompott, was euch kompott macht — schon sind wir aus den Büros ins Caféhaus gewechselt. Hier — wer jetzt noch lacht, hat noch Reserven — bei den Sprücheklopfern wurde zuendegefeilt, ingeniös moduliert, gespielt und relativiert. Da war zum Beispiel die berühmte Ulbricht-Losung Arbeite mit, denke mit, regiere mit:

Leg mal Deine Hand an die Tischkante. Der Daumen und der kleine Finger zeigen nach unten. Zeigefinger, Mittelfinger und Ringfinger liegen flach auf der Platte. So, jetzt mußt Du die Hand ganz dicht an die Kante pressen. Und jetzt sagst Du Arbeite mit und hebst den Zeigefinger. Dann sagst Du Denke mit und hebst den Mittelfinger. Und jetzt hebst Du den Ringfinger und sagst Regiere mit!

Das, lieber Leser, darfst Du mal ausprobieren. Du erfährst DDR-mäßig, nein, rein DDR-mäßig, nein, sogar rein DDR-mäßig gesehen die DDR-Proportionalität von Arbeiten, Denken und Regieren.

Aber die DDR wäre nicht die größte DDR der Welt und auch nicht steigerungsfähig, würde sie sich nicht in ihren Parteitagen dokumentieren. Die Ära Erich begann mit dem 8. Parteitag, der die überall transparentierte Losung herausgab: Was der 8. Parteitag beschloß, wird sein! Die Losung erfuhr eine Modulation:

Was der 8. Parteitag beschloß — nu budjet (russisch: es wird). Spricht man die U's, vor allem das zweite, wie es die Russen tun, sehr lang aus, weiß man, wie lange man warten kann, bis es wird.

Die Parteilosen säubern ihre Reihen.

Unüberhörbar war der Ruf, als 1976 vor dem 9. Parteitag der Aufnahmestopp für Nicht-Arbeiter, den der 8. Parteitag wegen gravierender Disproportionalität verfügt hatte, aufgehoben und das Parteibuch nun doch wieder zur Karrierefibel wurde.

Das Beste zum 10. Parteitag — der Rest zum Wohle des Volkes!

(der Spruch ist vielleicht etwas herbe, aber zu dem Zeitpunkt hatten die DDR-Bürger schon zwei Jahre schlimmer Versorgungsschwierigkeiten hinter sich . . .)

Lieber rückwärts in den Intershop als vorwärts zum 11. Parteitag.

(der 12. findet nicht vor 1990 statt . . .)

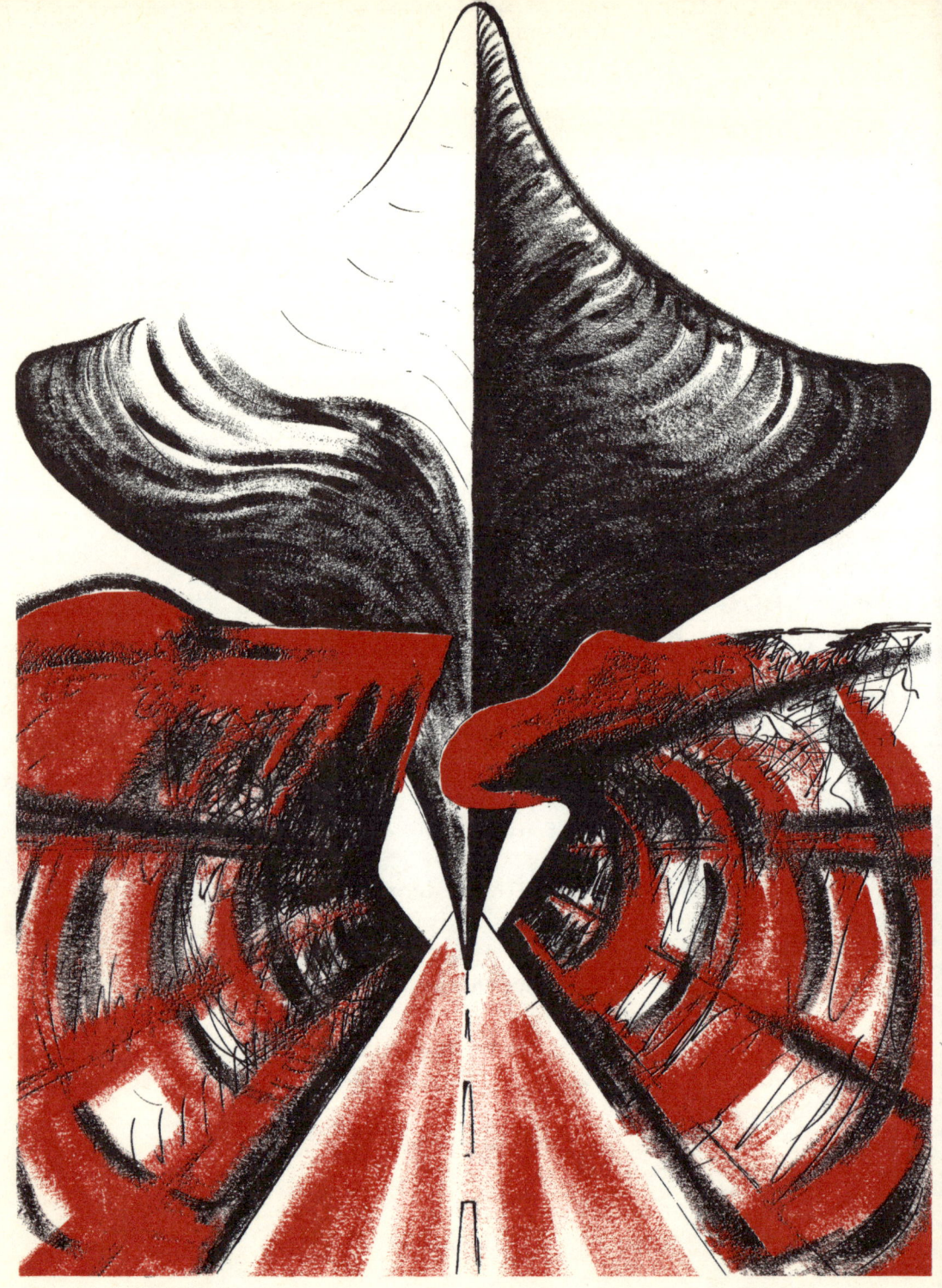

Engpaß

Sagt der Sachse in London, wenn er einen Weihnachtsbaum kaufen will. Was aber macht das Politbüro, wenn es auf Weihnachten zugeht und es sind immer noch keine Apfelsinen in Sicht? Es faltet die Hände und singt: Ein Schiff wird kommen . . .

Der Kapitalismus, der Sozialismus und der Kommunismus treffen sich im Himmel. Der Sozialismus kommt eine Stunde zu spät.
»Entschuldigt«, sagt der Sozialismus, »ich hab' noch nach Schinken angestanden.«
Der Kapitalismus: »Annngestanden?«
Der Kommunismus: »Ssschinken?«

Ein Mann ist in den Westen übergesiedelt. Er geht in einen Laden und sagt: »Guten Tag, ich möchte eine Schachtel Cabinet.«
»Hammwanich«, sagt die Verkäuferin.
»Geht das **schon** wieder los!?«, stöhnt der Mann.

Ein DDR-Techniker kommt aus Algerien zurück. Zu Hause erzählt er von seinen Erlebnissen: »Und wat soll ick Euch sagen? Mitten in der Wüste: Schlangen, Schlangen — jede Menge!«
»Und? Was haste gemacht?«
»Na, hinten angestellt.«

Weißt Du, daß jetzt am Alex Bananenautomaten aufgestellt werden? Wenn de oben 'ne Banane reinsteckst, kommen unten zwei Mark raus.

Warum sind Bananen krumm? Weil sie immer einen Bogen um die DDR machen.

Der Aal. Der Aal, das DDR-Chamäleon: grün gefangen, braun geräuchert, schwarz verkauft.

Ein Mann kommt in Rostock in einen Fischladen:
»Haben Sie Aal?«
»Hammwanich.«
»Wieso haben Sie keinen Aal?«
»Wieso wir keinen Aal haben?! Na, dann bleiben Sie mal bis heute abend hier, dann wissensis.«
Das tut der Mann. Am Abend, vor Feierabend, fragt der Verkäufer:
»Na, wissen Sie jetzt, warum wir keinen Aal haben?«
»Nee.«
»Hat einer nach Aal gefragt? — Keiner hat nach Aal gefragt.«

(Das Wort Aal ist bis heute in den Medien und auf den Bühnen tabuisiert. Wer das Tabu durchbricht, muß mit der sofortigen Rache der Priesterschaft rechnen. Der Aalwitz, der jetzt folgende Zitronenwitz aus Leipzig und auch der Graswitz sind frühe Versorgungswitze aus der Zeit um 1958/60.)

Ein Mann kommt nach Hause. Er stürzt in die Wohnung, sieht da seine Olle mit einem Liebhaber im Bett und brüllt:
»Ihr mährt hier rum, und in der HO gibt's Zitronen!«

1980, beim Einmarsch der Chinesen durch das Brandenburger Tor, sitzt ein Mann Unter den Linden auf dem Bürgersteig, ist gerade dabei, sich seine Fußlappen neu zu wickeln, und heult und heult und heult. Kommt ein anderer Mann auf ihn zu und fragt:
»Sag mal, warum heulst Du denn so fürchterlich?«
»Würdest Du nicht heulen? Ich hab' meine Graskarte verlorn!!!«

1980, das Wort Lebensmittelkarte war schon so gut wie vergessen, begann Walterchens alter und — nach kurzer Versenkung — Honnies neuer Wirtschaftslenker Günter Mittag (wäscht Rot raus und Weiß rein) mit inflationistischen Tricks und rabiater Verknappung des Warenangebots jene ökonomisch-ideologische Wende, die drei Jahre später dem Bonner Wende-Riesen die deutsch-deutsche Gemeinsamkeit auf einer höheren Ebene eröffnete: die DDR wurde endlich immer berechenbarer. Für Strauß.

Vor dem 10. Parteitag. Der Entwurf zum Volkswirtschaftsplan, der gerade beschlossen werden soll, ist verschwunden. Alle suchen wie verrückt den Volkswirtschaftsplan. In der Plankommission ist er nicht, in der Hochschule für Ökonomie ist er nicht, in der sowjetischen Botschaft ist er nicht.
»Ihr sucht den Volkswirtschaftsplan?« meldet sich plötzlich das Dresdner Kupferstichkabinett. »Der hängt hier bei uns —
als Radierung von Günter Mittag.«

Ein Mann kommt in'n Laden: »Haben sie Unterwäsche?«
»Nee, keine Unterwäsche gibt's nebenan. Hier gibt's nur keine Laken.«

Ein Mann kommt in eine Eisenwarenhandlung.
»Haben Sie Nägel?«
»Nee.«
»Haben Sie Schrauben?«
»Nee.«
»Haben Sie 'n Schraubenzieher?«
»Nee.«
»Na, was haben Sie dann?«
»Durchgehend geöffnet.«
»Und warum haben Sie durchgehend geöffnet, wenn Sie doch nüscht zu verkoofen haben?«
»Schloß is kaputt.«

Weißt Du, warum im Fleischerladen wenigstens immer noch eine Wurst am Haken hängt? — Damit die Leute nicht immer reinkommen und nach Fliesen fragen.

Ein Verkäuferlehrling macht im Kaufhaus sein Praktikum. Am ersten Tag ist er in der Gemüseabteilung. Eine Kundin kommt und fragt nach Weißkohl.
»Weißkohl?« fragt der Lehrling. »Weißkohl hammwanich.«
Das hört der Lehrausbilder.
»Du packst das nicht richtig an«, sagt er zum Lehrling, »wir wollen doch die Kunden nicht enttäuschen. Du mußt sagen: Nein, Weißkohl haben wir nicht, aber wir haben Rotkohl vorrätig, der ist genausogut.«
Am nächsten Tag ist der Lehrling bei den Haushaltswaren. Eine Kundin kommt und fragt nach Klopapier.
»Nein«, sagt der Lehrling, »Klopapier haben wir nicht. Aber wir haben Sandpapier vorrätig . . .«

Häschen kommt in'n Gemüseladen: »Hattu Möhren?«
»Nein«, sagt die Verkäuferin.
Am nächsten Tag kommt Häschen wieder: »Hattu Möhren?«
»Nein, Häschen«, sagt die Verkäuferin, »da mußt Du schon woanders fragen gehen.«
Häschen geht also in die Apotheke: »Hattu Möhren?« Antwortet die Apothekerin: »Hattu Rezept?!«

Wenn jemand am Tisch auf die Frage: Ich brauche 27er Orwo-Filme mit Hattu Möhren antwortete, war die Sache erledigt. Hattu Bunte (Westknete) wäre ein Angebot gewesen — aber so weit ging bei niemandem die Liebe zum Orwo-Film.
Aber in dieser Epoche der Nepp-Ökonomie, in der man für'n paar Bunte im Intershop einen Bezugsschein für einen Trabant-Auspuff erwerben konnte, der dann vom HO-Handel eingelöst wurde, zu jener Zeit gab es bei der Auslieferung der langerwarteten PKWs statt des

vorgeschriebenen Feuerlöschers ein Blatt Papier, auf dem, als Versprechen für die Zukunft, der Anspruch auf einen Feuerlöscher — bei Bedarf und Verkehrskontrollen vorzuweisen — bestätigt wurde. Da aber das Versprechen nicht eingelöst werden konnte, Papier sich auch nicht so richtig zum Löschen eignet, entfielen Vorschrift und Rezept ersatzlos: Die Planerfüllung — garantiert — steht über Ordnung und Sicherheit.

Tja, everywhere is Schilda-land . . .

Wie der Aal kam auch Günter Mittag in den Genuß eines öffentlichen Tabus. Jegliche Kritik an seiner Person wäre einer Kritik am Staatsratsvorsitzenden gleichgekommen. Und da sei mehr als der Gott-sei-bei-uns davor!
Als O. F. Weidling, Star-Conférencier der DDR, am 27. April 1984 bei der pompösen Eröffnung des pompösen Aserbaidschanischen Busbahnhofes in Anwesenheit von Erich und Politbüro wider den Stachel löckte und ein Wortspiel durch die zeitversetzt ausgestrahlte Live-Sendung in den Fernsehäther jagte: Abends esse ich wenig, morgens aber um so mehr, denn vom Mittag kann ich nicht viel erwarten — oder so —, konnte er sich im Gegensatz zum berühmten Hauptmann von Köpenick nicht hinter seinem Kaiser verstecken: Majestät haben jelacht! Nein, um Weidling war es geschehen; Majestät hatten janz und jar nicht jelacht! Int Jejegteil: nur verkniffen jekiekt, ganz wie sein eignet Denkmal.
Vielleicht fühlte sich Weidling schon genügend abgesegnet, war er doch der designierte Präsident des für wenige Zeit später anberaumten Gründungskongresses des Verbandes der Unterhaltungskünstler. Aber der Bann war total: Der Chef-Conférencier und Ulkmoderator verschwand von Schirm und Bühne, und der Kongreß, um einige Monate verschoben, hob widerspruchslos Big-Bed-Mama Steinekkert auf den Schild. Ohne Frage, es ging an die Nieren. Einige Wochen später warf Weidling das Handtuch. Exitus.
Während sich die frühen Versorgungswitze in makabren Apokalyp-

sen — an die niemand glaubte — gefielen oder eher gutmütigen Charakters waren, wie jener Witz von der überfüllten Ost-Hölle, in der sich die Sünder fröhlich tummeln, weil ständig etwas fehlt — sei es das Öl, die Streichhölzer oder das Personal —, sind die späteren Spezi der Gattung gefeilt, hart und ohne Illusion.

Lieber arm dran als Bein ab.

Der Satz Schierke in Thüringen liegt zwischen Hunger und Elend stimmt geographisch. Nur geographisch. Das war der Witz. Er verschwand, als er diskutabel wurde, als das Wort vom real existierenden Sozialismus auftauchte. Ein Wort, das eigentlich dem Westen galt und sagen sollte, er — der Westen — solle sich doch endlich damit abfinden, daß er — der Sozialismus — existiere, und zwar so, wie er ist. Das Wort wandte sich aber gegen den DDR-Bürger, denn der lebte auf einmal in einer Sache, wo am Ende der Prosperität die Erstarrung der Gesellschaft lauerte.
Während man noch — um das gravierendste Versorungsproblem der DDR zu lösen — in den sechziger Jahren seine Ideal-Voraussetzungen, eine Wohnung zu bekommen, munter optimieren konnte, indem man in berechtigungsbevorzugten Berufen arbeitete und, wenn es ging, in mehreren zugleich: als kinderreiche, ledige, unter Tage arbeitende Lehrerin des medizinischen Bereichs der bewaffneten Organe zum Beispiel, so war zwanzig Jahre später nur noch vom Wohnbriefkasten die Rede. Entwickelt aus der Naßzelle bei Neubauten, war der Wohnbriefkasten aus dem Wohnkeller mit Außenklo über dem Wohnklo mit Einbauküche entstanden und war beredter Ausdruck, mit wie wenig man in der DDR als endversorgt, als abgehakt und bar jeglichen Anspruchs gelten konnte.
Das Wort endversorgt ist in der DDR übrigens nicht ambivalent und ohne geringste Alliteration zu entsorgen: In einem Land, in dem die Bäume nicht sterben, braucht sich keiner um Automüll zu kümmern, steht der Mensch im Mittelpunkt.
Wobei mich die Endversorgung der DDR-Bevölkerung mit »ausrei-

chendem Wohnraum«, 15 Jahre zuvor auf das ferne 1990 versprochen, an die Finte mit dem Wegrationalisieren der Feuerlöscherpflicht erinnert: Probleme angehen, indem man sie reduziert.

Keiner hatte an dieses ferne 1990 so recht geglaubt, die Jungs vom Politbüro wohl auch nicht, und wir, in unserem Caféhaus, hatten — im Prinzip — dieselben Berater wie die Jungs oben, war doch die Bauakademie gleich nebenan. Wir wußten, wieviel Prozent der Kamine der Altbausubstanz wegen Nichtbeachtung irreversibel versottet, wie viele Neubauten 1990 eigentlich wieder abrißreif waren — kurz, im Prinzip heißt hier: Wir hatten die Information vielleicht nicht in ihrer Totalität, dafür aber garantiert ungeschönt.

Eine Reduktion auf Null, wie beim Feuerlöscherproblem, war außerhalb des Möglichen, ebenso die Ulbrichtsche Lösung des Überholens im Pro-Kopf-Verbrauch: einfach nicht mehr darüber reden. Honeckers großspuriges Versprechen war ernst genommen worden — je größer die Not, um so und so weiter . . .

Offenbar war Erich selbst Opfer seiner eigenen Propaganda geworden, denn der Countdown auf 1990 lief schon zwei, drei Jahre, als die erste Reduktionsstufe gezündet wurde: Von den versprochenen Millionen Neubauwohnungen wurden ganz einfach die umgebauten, sanierten, ja, später sogar die renovierten Altbauwohnungen abgezogen — geschönte Passiva als Aktiva bilanziert, von der Qualität der Sanierungen ganz zu schweigen . . .

Eine radikale Lösung wäre möglich gewesen: Die erste Volkszählung nach der Mauer hatte ergeben, daß auf jeden DDR-Bürger — Frau, Mann, Kind, Greis — ein Wohnraum, sprich Zimmer, bereits schon kam. Doch schon der weise WU lehrte: Wir sind gegen die Gleichmacherei. Und sein Zeitgeist sprach: Du diskutierst negativ. Wir lassen uns nicht links überholen. Und eine Rückwärtsdiskussion machen wir erst recht nicht. Und überhaupt: Bist Du eigentlich für den Frieden? Denn die zentrale Frage steht doch: Wer wen!? (Wirkt überhöht, ist aber wörtlich.)

(Leider hat niemand dem prüden Ulbricht, dessen nebulöser Schlachtruf: Wer-wen! als die eigentliche Klassenfrage der Epoche bedenkenlos nachgeäfft wurde, erzählt, daß zum Beispiel unter normalen Bauarbeitern dieser Spruch mit einem drastisch-erotischen Verb in der Mitte aufgefüllt war und eigentlich bedeutete: wer betrügt, übertölpelt wen, wer haut wen übers Ohr.)

Wie auch immer, der Zeitfaktor war gegeben: 1990. Die Konstante auch: Unsere Menschen. (Wir können nur mit dem Menschenmaterial arbeiten, das wir haben — Zitat Ende.) Die Variable war das zu Erbauende. War es wirklich so? Die zündende Idee für eine zweite Reduktionsstufe kam — bei vielen durchaus aus der beschriebenen Not geboren — von den Betroffenen selber: Das Volk begann Anfang der achtziger Jahre reißend Abschied zu nehmen.

Lieber schlank weg als dicke da.

Brecht, von dem die Empfehlung: wie wäre es, die Regierung löste das Volk auf und wählte sich ein neues, nur leichtfertigerweise ausgesprochen werden konnte, weil er sich niemals Gedanken darüber gemacht hat, wie gerne sie es täte, wären die anderen Völker nicht auch schon alle besetzt, dieser Brecht, der bereits in den fünfziger Jahren vom Sekretär Ulbrichts, dem zum proletarischen Romancier erhobenen Otto Gotsche, literarisch derart in den Schatten gestellt worden war, vor allem mit seinem Roman — leider hatte das Publikum nicht die sittliche Reife, den Titel ohne blödes Grienen zu goutieren: Tiefe Furchen — ein Roman, der dem Sagen nach, denn keiner hat ihn gelesen, den Umbruch zur kollektiven Landwirtschaft beschrieb und nicht eine ländliche Beziehungskiste, dieser Brecht, von dem wir schon 1960 sagten: Brecht!?? und in einem fiktiven Lexikon des Jahres 1980 nachschlugen — Brecht?, warte mal — Brauchitsch, Brauerei, Braun, Braunkohle, Brazzaville, Brehm, nee, zu weit, Bredel — ah! hier: Brecht, Bertolt, Augsburger Heimatdichter zur Zeit des Großen Gotsche, dieser Brecht hatte 1926 gesagt: Wer unsere Menschen sagt, meint es auch so.

Deutsche Kleinfürsten, von Lessing verewigt und seither verachtet, weil sie das Eigentumsrecht an ihren Landeskindern verhökerten und

diese in fremde Dienste entließen — übern Großen Teich, sie fielen für Engeland — was könnten die sich heute die Bäuche halten über Aufklärer, Humanisten, Demokraten und Marxisten! Alles Schwachsinn — nur das gute Beispiel setzt sich durch:
Das Volk als variable Größe, als veräußerbare Reduktionsmasse, war, verzichtet man auf ideologische und auf die in der Politik ohnehin nur von Verbildeten reklamierten moralischen Aspekte, eine rundum gelungene Zwischenlösung, unter anderem ein Milliardending mit Nachfolgegeschäften. Und: Wohnungen, Wohnungen, Wohnungen . . .

Ein Osthund schlüpft durch ein Loch in der Mauer und trifft im Westen auf einen Westhund.
»Oh, Mann!«, sagt der Osthund. »Wie siehst Du bloß aus! Klapprig, verfilzt, verlaust, und Dir kieken ja sämtliche Knochen vor.«
»Wie Du aussiehst!«, sagt der Westhund. »Fett, volljefressen und'n schnieket Halsband haste ooch um. Wat willst Du eigentlich hier drüben? Dir fehlt doch nischt.«
»Klar«, sagt der Osthund, »aber ich will ooch mal janz laut bellen dürfen.«

Sisyphus, real existierend

Wie funktioniert der RGW? — Mit der Arbeitsproduktivität der Sowjetunion, mit dem technischen Höchststand der Mongolei und dem Sicherheitssystem der DDR.
(ist ausbaufähig: mit der Pünktlichkeit der Kubaner etc.)

Was ist der Unterschied zwischen der Sonne und einem DDR-Rockmusiker? — Keiner. Im Osten gehnse auf, und im Westen gehnse unter.

Es werden neue Konzessionen für das Betreiben öffentlicher Bedürfnisanstalten vergeben. Im Korridor sitzen lauter ältere, rundliche Frauen. Drinnen, vor der Kommission, wird die erste Anwärterin befragt.
»Was ist das?« fragt der Prüfungsvorsitzende und zeigt ein großes H.
»Das«, sagt die Anwärterin, »soll Herrentoilette heißen!«
»Was ist das?« fragt der Prüfungsvorsitzende wieder und zeigt ein Piktogramm mit einer Figur mit einem Rock.
»Damentoilette!«, sagt die Anwärterin.
»Und was ist das?« fragt der Prüfungsvorsitzende und zeigt einen Stern in roter Farbe.
»Das? Das ist die Toilette für die sowjetischen Genossen!«
»Danke«, sagt der Prüfungsvorsitzende, »Sie haben bestanden.«
Die ältere, rundliche Frau kommt in den Korridor und wird von den anderen gefragt, wie die Prüfung war.
»Ganz einfach«, sagt sie. »Zwei Fachfragen und eine in Marxismus-Leninismus.«

Der wichtigste Buchstabe der deutschen Sprache ist das W.
Wenn das W nicht wäre, hieße es nicht Warschauer Pakt.
Wenn das W nicht wäre, hieße es nicht Walter Ulbricht.
Wenn das W nicht wäre, hieße es nicht Waffenbrüderschaft.

Freie Spitzen sind landwirtschaftliche Produkte, die über dem Soll oder in eigener Regie zum Verkauf gegeben werden. Alles was kräucht und fleucht, nicht allzuweit von den Bäumen fällt, eben dies und das und nicht immer nur das Beste. Aber da das Soll das Land nicht nährt — es hat eben alles seine Grenzen — werden die Freien Spitzen fast blind aufgekauft und sehr gut bezahlt.
Karnickel und Hasen, zum Beispiel, nehmen seit 1984, bevor sie in die Pfanne ihres Produzenten kommen, einen lukrativen Umweg: Früher selber geschlachtet, werden sie jetzt erst verkauft und dann zum halben Aufkaufpreis aus der HO zurückgeholt ...
All diese vagabundierenden Freien Spitzen: Wortspiele, Witze, Legenden, ein Dies und Das aus den unterschiedlichen DDR-Zeiten, sie haben nicht so recht in die bisherigen Serien gepaßt, oder sie sind Relikte untergegangener oder nie entstandener Serien. Aber Achtung! Sie sind es, die den Kohl erst fett machen. (Ha!Ha! — wertfrei, nur als Redensart benutzt ...)
Auch wenn wenige Klassiker unter ihnen sind, das heißt, die meisten kurz nach ihrem Auftauchen wieder versanken: sie bilden im DDR-Witz die ephemere Mehrheit. Und auch wenn man es ihnen nicht immer anmerkt, gelacht wurde über sie allemal.

Es ist gelungen, aus einigen der im Grabe geborgenen Gewebezellen Karl Marx wieder zum Leben zu erwecken. Karl Marx bekommt zwei Monate Zeit, sich umzusehen, um sich dann in einer Fernsehansprache zu seinen Erfahrungen zu äußern.
Die zwei Monate gehen vorbei, die Fernsehansprache rückt heran, Karl Marx sitzt in der Garderobe und bereitet sich vor. Da kommt der Redakteur Außenpolitik zu Karl Marx.
»Es tut mit leid«, sagt er, »wir müssen die Sendezeit halbieren — eine

146

Freundschaftsdelegation ist soeben aus der Sowjetunion zurückgekehrt.«

»Gut«, sagt Karl Marx und redigiert noch einmal seinen Text.

Eine halbe Stunde vor der Sendung kommt der Landwirtschaftsredakteur.

»Es tut mir leid«, sagt er, »wir müssen die Sendezeit noch einmal halbieren — die Ernteberichte sollen wiederholt werden.«

»Gut«, sagt Karl Marx, redigiert noch einmal seinen Text, geht ins Studio und wartet auf sein Zeichen. Da kommt der Senderedakteur zu Karl Marx.

»Es tut mir leid«, sagt er, »wir können Ihnen nur eine Minute geben — wir kommen sonst in die Sportübertragung rein.«

»Gut«, sagt Karl Marx, tritt vor die Kamera und sagt:

»Proletarier aller Länder! Entschuldigung.«

Ein Mann ist vor dem Fernseher eingeschlafen. Wie er gerade wieder aufwacht, hört er noch: . . . mit den letzten Nachrichten der Aktuellen Kamera beendeten wir unser Programm . . .

»Scheiße!«, ruft der Mann. »Hätt' ich gewußt, daß es die letzte ist, hätt' ich sie mir doch glatt angeguckt!«

(1984, die Ausreise-Welle hatte ihre höchste Amplitude erreicht, beendete eines Tages das DDR-Fernsehen das Programm mit einem dänischen Film der unsäglichen Olsen-Banden-Serie, in der zum Schluß der Oberulkbold nach einem mißratenen Coup immer verhaftet wird. An diesem Tage sagte er wütend, bevor das Programm verlöschte: »Dies Land ist mir zu klein! Macht damit, was Ihr wollt!« Sprach's und verschwand.)

Sag mal 'n Satz mit Angola. An Gola gann ich mich dotsaufen.

In Leipzig auf'm Hauptbahnhof steht ein rabenschwarzer, baumlanger Afrikaner auf dem Bahnsteig. Kommt 'n kleenes Mütterchen und fragt: »Se sind wohl nich von hier?«

147

Der Afrikaner schüttelt den Kopf.
»Drum«, sagt das Mütterchen.

Im Interhotel Leipzig sitzt ein französischer Messebesucher mit seiner Begleiterin an der Bar.
»Isch werde jetzt«, sagt der Franzose, »noch ein' Champagner bestellen und dann noch ein' Champagner bestellen, und dann werd' isch den Champagner über Ihren Körper gießen, und isch werd' ihn Tropfen für Tropfen von Ihrer Haut küssen . . .«
»Dschuldjung, eine Frage« fragt ein Nebenmann, »kann man das auch mit Bier machen?«

Gottvater ruft die Staatsführer zusammen und eröffnet ihnen, daß am 31. Mai der Weltuntergang sein wird.
»Ich werde Kaviar und Krimsekt an die Bevölkerung verteilen lassen«, sagt Breschnew.
»Und ich Steaks und Whisky«, sagt Reagan.
Nur Honecker sitzt gedankenverloren in der Ecke. »Was überlegst Du?« fragt Gottvater.
»Ich überleg' mir gerade, ob ich den 31. Mai vorarbeiten lasse.«

Ein Amerikaner, ein Russe, ein DDR-Bürger stehen am Pfahl.
»Wo kommst Du her?« fragt der Häuptling.
»Ich komme«, sagt der Amerikaner, »aus den Vereinigten Staaten von Nordamerika — der führenden Supermacht!«
»Nie gehört«, sagt der Häuptling. »Ab in den Kessel.«
»Wo kommst Du her?« fragt der Häuptling.
»Ich komme aus der Union der Sozialistischen Sowjetrepubliken — der Heimat aller Werktätigen!«
»Nie gehört«, sagt der Häuptling. »Ab in den Kessel.«
»Und wo kommst Du her?« fragt der Häuptling.
»Wo ich herkomme? Ich komme aus Leipzig — DDR.«
»Mensch, Leipzig!«, sagt der Häuptling. »Dich kenn' ich doch! Na,

aber dit mußte doch zugeben: dit is doch besser als dit Mensaessen in der Karl-Marx-Universität!« Und bindet ihn los.

Es muß jeder mit sich ausmachen, ob ihm die — gar nicht mal so einschichtige — Exposition für die Pointe mit dem Mensaessen billig ist, zumal die Pointe glücklicherweise der Exposition nachträglich eine genügende Doppelbödigkeit verschafft, sie ins Irreal-Hypothetische verpflanzt. Anders die darum dumpfere Variante, in der der Kessel aus der DDR stammt . . .

Parteilehrjahr. Der Referent prüft die Teilnehmer:
»Wer war Lumumba?«
Keine Antwort.
»Wer war Nehru?«
Keine Antwort.
»Wer war Allende?«
Keine Antwort.
»Genossen! Dritte Welt, Junge Nationalstaaten, Befreiungsbewegungen — wißt Ihr denn überhaupt nischt!?«
»Doch«, antwortet einer hinten in der Ecke, »wir wissen wer Meier ist!«
»Meier? Wer ist denn Meier?«
»Meier ist der, der immer bei Deiner Frau ist, wenn Du hier Parteilehrjahr machst.«

Welche drei Dinge sind nicht übereinanderzubringen? — Überzeugt, intelligent und ehrlich. Denn: Wenn Du überzeugt bist und dabei ehrlich, dann bist Du nicht intelligent. Bist Du aber intelligent **und** überzeugt, dann bist Du nicht ehrlich. Bist Du aber ehrlich **und** intelligent, dann bist Du nicht überzeugt.

Das geht auf die Zeit zurück, da man noch Überzeugungsarbeit leistete. Die Nichtgenossen hatten's besser, denn die mußten überzeugt werden, die durften sich ideologische Schwierigkeiten leisten.

Während ein überzeugter Genosse nicht etwa einer war, bei dem die Überzeugung gerade gewirkt hatte, nein, er stand für den zuverlässigen Genossen, den treu ergebenen. Das Wort Überzeugungsarbeit verschwand nach dem 13. August 1961 — vollendete Tatsachen sind überzeugender denn Worte . . .

Die Tiere des Waldes versammeln sich und überlegen, wen sie zum Parteisekretär wählen.
Die Ziege? — Nee, die Ziege meckert zu ville.
Die Schnecke? — Nee, die ist zu bürgerlich. Hat ein Haus.
Der Fuchs? — Nee, auch zu bürgerlich. Trägt'n Pelz.
Der Elefant? — Lebt auf zu großem Fuß.
Der Hase? — Ist zu ängstlich.
Die Schlange? — Nee, kriecht immer.
Der Storch? — Na klar, der Storch! Hat rote Beene, kann mächtig gut klappern und kommt auch jedes Mal aus'm Ausland wieder.

In Eisenach unterhalten sich drei Kinder.
»Mein Vater«, sagt das erste, »arbeitet im Autowerk. Der taucht die linken Kotflügel. Und was macht Dein Vater?«
»Mein Vater«, sagt das zweite Kind, »arbeitet auch im Autowerk. Der taucht die rechen Kotflügel. Und was macht Dein Vater?«
»Mein Vater arbeitet auch im Autowerk. Aber der taucht nischt. Der is Parteisekretär.«

Warum bekommen Büroangestellte neuerdings eine Unfallumlage? — Weil ihnen so oft, wenn sie mit aufgestützten Ellenbogen am Tisch einschlafen, der Kopf aus den Händen rutscht und auf die Platte knallt.

Ein Parteisekretär sitzt an seinem Schreibtisch und träumt vor sich hin. Da sieht er 'ne ganz fette Spinne die Tischplatte entlanglaufen. Ganz langsam nimmt er das ND, faltet es zusammen und will gerade zuschlagen:

»Halt!«, ruft die Spinne. »Ich bin eine Fee. Du hast drei Wünsche offen!«
»Wenn das so ist«, sagt der Parteisekretär, »dann möchte ich sofort auf die Bahamas!« Rrrrumms! ist er auf den Bahamas.
»Außerdem sollen immer schöne Mädchen um mich sein!« Rrrrumms! hat er drei schöne Mädchen im Arm.
»Und dann will ich nie wieder arbeiten!« Rrrrumms! sitzt er wieder an seinem Schreibtisch.

Dem DDR(?)-Schriftsteller Jurek Becker wird folgender Satz zugeschrieben: Wenn schon die Schnauze halten, dann schon auf den Bahamas.

Dem DDR-Schrifsteller Peter Hacks wird folgender Satz nachgesagt: Es gibt weniger Kommunisten, als man sagt, aber es gibt mehr Kommunisten, als man denkt.

Von einem Dresdner Busfahrer hört man, daß er seinen Feierabend mit den Worten einzuleiten pflegt: Schicht beendet. Alles gut gelaufen, auch die Fahrgäste.

Wer ihn kannte, wußte, es ist keine Legende: Der Schauspieler Herwart Grosse tritt im Wahllokal vor die Urne, faltet ganz sorgfältig den Stimmzettel, steckt ihn in die Urne, blickt beschwörend auf den Schlitz, drückt fest beide Daumen und sagt: toi! toi! toi!

Berühmt ist ein Dialog mit dem Zeitungsverkäufer vom Kiosk am Hauptbahnhof Halle:
»Haben Sie den Morgen?«
»Nee.«
»Haben Sie dit Neue Deutschland?«
»Nee.«
»Haben Sie die Freiheit?«
»Nee.«

»Wann jibs'n die Freiheit?«
»Wenn dit Neue Deutschland kommt.«
»Wann is'n dit?«
»Wenn ooch der neue Morgen da is.«

Wann jibs'n ist ziemlich schludriges Berlinisch und heißt voll ausge-
fahren: wann gibt es denn. In Halle wird zwar mit das schlimmste
Sächsisch gesprochen, aber überliefert ist der Dialog so, als hätte
Glaßbrenner ihn erfunden:
»Haben Sie warten jelernt?«
»Nee!«
»Nee? Sie sind wohl nich in Deutschland jeboren?«
»Ob! Ick bin in Berlin jeboren, un ick vermute, deß des in Deutsch-
land liegt?«
»Darüber is keen Zweifel. Aber denn wundern Sie mir, det Sie nich
warten jelernt haben.«

Vielleicht, um die dominierende berlinische Komponente des DDR-
Witzes zu würdigen und um noch mal auf die Zeitungen zu kommen, ein Stück Glaßbrenner, 1848:
». . . über die ville Weisheit, die se immer in de Zeitungen konsemie-
ren, da lacht ja schon jeder drüber, der nich jrade weent. So dumm
sind wir nich mehr, det wir jlooben, ohne zu sehen. Da sprachen
neulich zwee Jelehrte in meinen Wagen, un die sagten, vor allen Dingen sei Freßfreiheit nötig . . .«
»Preßfreiheit willste sagen!«
»Wieso?«
»Nämlich die Rejierungen haben Preßfreiheit; aber des Volk hat
keene Preßfreiheit.«

Der Lehrer fragt in der Schule, bei wem zu Hause die Eltern Westfernsehen sehen.
»Nö«, sagt klein Fritzchen, »wir sehen nie Westfernsehen. Nur
manchmal montags, den alten Film.«

Der Lehrer fragt in der Schule, mit was für einem Bild man die DDR beschreiben könnte.

»Ich stelle mir vor«, meldet sich ein Schüler, »die DDR ist wie ein Baum. Fest verwurzelt im sozialistischen Staatenverband gedeiht er, wächst empor und wird immer stärker...«

»Ich stelle mir vor«, meldet sich ein zweiter Schüler, »die DDR ist ein riesiger Traktor mit einem riesigen Pflug daran. Unermüdlich fährt der Traktor vorwärts, und überall, wo er den Ackerboden aufgebrochen hat, blüht und gedeiht es...«

»Ich stell mir vor«, meldet sich ein dritter, »die DDR ist ein stolzes Schiff. Das Schiff trotzt jedem Sturm und jeder See, und die Leute stehen an Deck...«

»Ein sehr schönes Bild«, sagt der Lehrer.

»Halt! Ich bin noch nicht fertig... Und die Leute stehen an Deck und kotzen. Und kotzen. Und kotzen.«

Fidel Castro hält eine Rede:

»... besonders in der letzten Zeit, Genossen, ist die Arbeitsproduktivität immer mehr gesunken. Genossen, es liegt daran, daß Ihr viel mehr Rumba tanzt, als daß Ihr arbeitet. Ihr sollt aber mehr arbeiten und weniger Rumba tanzen. Genossen, eines will ich Euch ans Herz legen: Trabajo si, rumba no!«

Und eine Millionenmenge greift begeistert das Wort des Genossen Castro auf: Rumba no — trabajo si! Rumba no! (Schritt) Trabajo si! (Schritt) Rumba no! (Schritt und Arm nach oben) Trabajo si! (Schritt und Arm nach unten)...

Was ist der Unterschied zwischen Kuba und der DDR!

Über Kuba lacht die Sonne, und über die DDR lacht die ganze Welt.

Fest verwurzelt

VEB Erdmöbel

Sicher, das ist genauso bemüht wie das Geflügelte Jahresendfigur genannte Weihnachtsengelchen, wenn man weiß, daß es sich hier um einen Volkseigenen Betrieb handelt, der Särge herstellt. Aber Hand aufs Herz, lieber Leser, wie würdest Du ihn nennen: VEB Sarg?
So ist es, in der DDR gibt es tiefdurchdachte Sprachreglungen. Diese bilden zur sprachlich abzubildenden Wirklichkeit ein Spannungsfeld, in dem es manchmal wirklich irre knistert. Von unfreiwilligem Humor. Das ist Humus und Katalysator in einem. Denn selbst der makaberste Volkswitz ist nur eine stimulierte, oft abgeschwächte Reflexion des starken öffentlichen Tobaks. Man muß es nur ins Verhältnis setzen, um es zu begreifen.

Beispiel eins:
Bei einer Einwohnerversammlung fragt ein altes Muttchen den Versammlungsleiter:
»Sagen Sie mal, stammt der Sozialismus von den Menschen oder von den Wissenschaftlern?«
»Wie bitte, ich verstehe Ihre Frage nicht ganz?!«
»Na, ob der Sozialismus von den Menschen erfunden worden ist oder von den Wissenschaftlern!?«
»Na, global gesagt, natürlich von den Menschen . . .«
»Dacht' ich's mir doch!«, sagt das Muttchen. »Denn Wissenschaftler hätten ihn sicher erst an Ratten ausprobiert!«

Dazu Beispiel zwei; der starke Tobak, er ist hier rein gesellschaftspolitischer Natur:

155

ND vom 1./2. Februar 1986
Mitteilung der Partei
Die Anleitungen der Kreispropagandistenaktive und Leitpropagandisten zum Thema 6 des Parteilehrjahres der Zirkelkategorien
— Seminar zum Studium der **Geschichte der SED**
— Zirkel zum Studium von Grundlehren des **wissenschaftlichen Sozialismus**
erfolgen am Dienstag, dem etc. pp.

Ich merke, lieber Westoimel, Du weißt jetzt nicht, worum Du gebeten bist. Mach Dir keine Sorgen, kein DDR-Bürger hat an diesen Zeilen ein Spaßvergnügen. Das ist genau die Stelle, wo er auf dem Schiff von der vorletzten Seite steht.
Aber mir ging's nicht um die Übelkeitberechtigung. Das Makabre liegt im Begriff **wissenschaftlicher Sozialismus,** der hier eingeführt wird. Von hinten durch die kalte Küche, wider alle marxistische Ideologie. Und wenn man weiß, daß damals der Volontär Honnie das Walterchen ideologisch in die Pampas geschickt hat, weil es den Sozialismus als selbständige Epoche begreifen wollte, um dann erst recht eine volontaristische Politik zu betreiben, dann ist die Rattenfrage unseres Muttchens mehr als berechtigt.
Keine Angst, es gibt auch Beispiele, die sich sofort erschließen. Da sind zum Beispiel zwei Alt-Klassiker:

Jeder volle Sack, ein Schlag gegen die Imperialisten!
(an einer Mühle)

Senkt die Waldbrände um 50 Prozent!
(jahrelang an den Autobahnen)

Das sensibilisiert. Es ist eine Art Vorstufe. Der erste Schritt zum Erlernen des Zwischen-den-Zeilen-Lesens.

Wir kämpfen um einen gesicherten (ich habe auch noch reibungslosen in Erinnerung) Verkehr im Kreis Ribnitz-Dammgarten! (1976/77, VEB Vekehrskreisbetriebe oder VEB Kreisbetrieb Nahverkehr oder so.)

Auch über die Kampagne Plan Neue Technik konnten wir uns gleichermaßen ergötzen. Dagegen war die Liedzeile (ca. 1958) der Mais, der Mais, die Wurscht am Stengel für uns nachgerade ohne Lustgewinn, während die so oft skandierte Vereinigung: S-E-D!, F-D-J! 1984 sinnträchtig wurde: SED und FDJ machen unser Leben flott! Ja, das sind Zeilen, deren Sinnesfülle erst der ungewöhnliche, an dieser Stelle nicht mehr austauschbare Reim zum Tragen bringt: Wir sind die Fans von Egon Krenz! (1979/80) oder 1984, im Kinderfernsehen für Minister Margot gesungen: Unsere DDR macht uns immer neugieriger! Und eine solch pralle Poesie muß man erst einmal vertonen! Vielleicht muß man nur die ausreichende Subtilität haben. Wie der Schlagersänger Jürgen Walter, der in einem hochwissenschaftlichen Interview kundtat: Es gibt eben einen wesentlichen Unterschied zwischen tschabadu und dabdudei! Einer jedenfalls muß dieses Wesentliche herausbekommen haben, nämlich der, der 1985 in Berlin dieses Transparent verfaßte: Sozialismus und Frieden sind wesenseigen! Da legst di nieder!
Dagegen war 1982/83 monatelang in der Friedrichstraße, einen Steinwurf von unserem Caféhaus entfernt, eine blasse Blasphemie zu betrachten:

Das war doch geistig nicht durchdrungen! Platter Naturalismus, galt es doch nur die mathematischen Zeichen mitzusprechen! Sozialismus gleich: soziale Sicherheit minus verwirklichte Menschenrechte. Nie wieder ist unsere DDR-Existenz so plump auf den Punkt gebracht worden? Im Vergleich ist da unser Osthund von der Seite 143 glatte Metaphorik . . .

Und ein Erdmöbel dagegen ist eine weihevolle Codierung. Und erst einmal ein Warenträger, oder soll der Verkäufer etwa schlicht Regal sagen? Und darauf etwa ein Glas Mohrrüben stellen, wo er doch die Einkomponentennahrung »Möhren pur« großzügig zur Verfügung hat — (ohne Rezept).

Selbstverständlich erfaßt die neusprachliche Codierung mehr als das herkömmliche Wort. Eine milchgebende Großvieheinheit ist eben nicht nur **keine** Kuh: Sie ist auch kein Kleinvieh. (Obwohl sie, das muß noch geregelt werden, auch Mist macht.) Und sie ist auch keine Kuh an sich. Nein, sie gibt Milch. Und vor allem, jetzt kann man mit ihr rechnen. Und zwar in Einheiten. Was die Kameraden vom Getränkestützpunkt zu schätzen wissen, denn die lassen während der Ernteschlacht die Versorgungsfront nicht zusammenbrechen — wenn die Erntekapitäne durstig durch die Felder dümpelnd ihren Klassenauftrag erfüllen, damit im Winter die Pioniere fröhlich ins Manöver Schneeflocke ziehen können, ein frohes Lied auf den Lippen: Ratatata ich bin ein Panzer der Nationalen Volksarmee . . . (gibt es wirklich).

Ja, das übt. Man erlernt assoziatives Denken. Sättigungsbeilage: ein Schurke, der da nur an Weißkohl und an Rotkohl denkt! Es können auch die Kartoffeln sein. Vitaminspender? War gut gemeint, aber nicht brauchbar. Schloß die Kartoffeln aus und begriff ein Obst, gar einen Salat mit ein. Nein, Rotkohl, Weißkohl: Sättigungsbeilage.

Codierung heißt auch schöpferisches Schaffen: Broiler (Backhuhn) und Krusta (viereckige Pizza) sind dem Reisenden nicht fremd, auch nicht die Broiler- oder Krustastuben — klingt so schön nach Pußta. Anders aber Pellets und das Pelletieren.

Der Herr Fernseh-Pelletier wird's wissen. Sein Name kommt aus dem

Französischen und heißt Pelzhändler, Kürschner. Ist Pellet dann ein Fell? Mitnichten. Pellet ist ein Kügelchen, ein Schrotkorn, eine Pille. Jedenfalls für den Briten. Und was haben nun der französische Kürschner und die britische Pille in der DDR gemein? Nichts.

Dem DDR-Meyer von 1964 noch unbekannt, ist es zehn Jahre später schon der große Knaller: Eines Tages steht im ND, daß pro Kopf der Bevölkerung eine Tonne Stroh anfallen. Und dieses Abprodukt, das beim Dreschvorgang anfällt, dieses Stroh nun, zu Ballen gepreßt, Pellets genannt, dieses pelletierte Stroh wurde über verschiedene Veredlungsstufen zu einer Sättigungsbeilage für Großvieheinheiten. Alles klar?

So einfach ist das: das DDR-Volk, ein jeder ein Pillendreher. Nein!? Ach, Du hast es richtig verstanden, so schnell lernt man eine codierte Neusprache! Im Tempo 30, um es mit dem Schlagwort des Jahres 1979 zu sagen (30. Jahrestag der DDR). Oder, fünf Jahre später, die Obrigkeit hatte schon herausgefunden, daß die andere Seite sich auf die Richtgeschwindigkeit 130 einpegelte: Schrittmaß 35!

Machte meine Freundin X.X. den assoziativen Kurzschluß: Schrittmaß 35 — Lügen haben kurze Beine. Ich wünsche Dir, X.X. — um es mit dem üblichen Standard für preislich ausgezeichnete Genossen zu sagen: Ich wünsche Dir weiterhin alles Gute, vor allem in Deinem persönlichen Leben — darum habe ich hier auch ein X für ein U vorgemacht.

Ich frage mich nur, wenn ich die DDR-Autobahn entlangtöppere und von den Brücken dröhnt auf mich die Lebenslust herab: Mit dem Arbeitsplatz um die Welt! wirbt da eine Transportfirma und Exellent Mieder — verschönt formend die Figur verheißt mir da ein anderer Spruch und läßt mich an jenen bekannten Volksschauspieler denken, der im Äther enthüllte: Ich bin eben für die Leute ein Ideol — ich frage mich nur, was ist das, ein unpersönliches Leben?

An den Kronprinzen Krenz kann ich mich nicht wenden. Noch als Chef der FDJ antwortete er auf einem Jugendforum auf die Frage, wie er denn privat so lebe: Eigentlich genauso wie Ihr. Ich komme nach Hause — ja, dann läuft er ja wie alle anderen über einen rewa-

159

tex-gereinigten Teppich: aus tiefster Teppichtiefe neuer Flausch! — ich setz' mich in den Sessel, mache mir den Fernseher an und trinke dazu eine Büchse Bier. Der Arme! Hat ihm wirklich niemand gesagt, daß es so was in der DDR gar nicht gibt! Höchstens ausgetrunken als Sammelobjekt? Wird er denn von niemandem gesprachregelt? Selbst der popligste Reporter kann verlangen, daß temporär Heikles aus seinem Sprachgebrauch genommen wird. Oder hat nach Tschernobyl, als die Friedensfahrt 1986 in Kiew startete, wer von aktiven Sportlern oder strahlenden Siegern gesprochen!? Hat keiner. War geregelt. Wirklich.

Was aber ist ein unpersönliches Leben? Ist es das? Auch das kühnste Wagnis: gelingt dir. Das Unmögliche: Du machst es möglich. Neues Maß — unermeßlich. Neuer Lebenswert — unendlich. Herrliches Land: mit dir übereinzustimmen, in deinen Beschlüssen, eins mit dir — in deinen Maßnahmen. Herrliches Land: du, unser leidenschaftliches Ja! Unser tiefes Du! Unser Wissen wofür! Unser unsterblich Wir!

Ja, das! Das ist es. So schütter-sachlich, so schwülstig-knapp wie das Gedicht, aber was, frage ich mich, was ist nun schon wieder Siebkohle?! Ja, was ist das: Siebkohle?

Weißt Du es? Nimm es als einen letzten Test: Bist Du ausreichend codiert, assoziiert, sprachgeregelt und in Deiner Unpersönlichkeit genug gestärkt, um die Siebkohle aus und zwischen den Zeilen der Union vom 14. 11. 1985 herauszufiltern? Meyer hat's nicht. Hast Du es?

Wenn Du es packst, ersparst Du Dir fürderhin all die professionellen Kabarettisten, die Dir seit Jahren ständig einzureden suchen, ein Kanzler könne sie spielend ersetzen, und auch noch den Beweis dafür antreten. So ein Kanzler, fein oder grob, entblößt sich bloß in einem fort, das liegt in seiner Natur. Und so witzig ist ein nackter Mann nun auch wieder nicht. Literatur machst erst Du daraus — wenn Du dem nackten Manne in die Taschen zu greifen vermagst. Und das Vermögen, den Stoff, aus dem die Witze sind, noch in dem letzten Zeitungsfetzen zu begreifen, in jeder Wortfaser, die durch das

Kettgarn schießt, dies Vermögen ist so einfach nicht zu haben: ausgeschlafen mußt Du sein!

Aufgepaßt, eine kleine Vorübung:

Am 20. 11. 1981, Erich hatte begonnen, sich selber und seine Mitglieder öffentlich nur noch als Kommunisten zu betiteln, analysiert er im ND die Epoche aus der Sicht des gerade zurückliegenden 10. Parteitages: ... in einer Zeit, da unsere Partei ihr Gesicht mehr den werktätigen Massen zuwandte — ja, was denn!? Hat er ihnen vorher mehr den nackten Arsch gezeigt? Und was!? Guckt das Gesicht jetzt etwas voller hin? Vielleicht mit einem Auge schon? Und **wen** hat die Partei vorher angeguckt? Sich selbst? Oder: Kann man in führender Rolle einherschreitend sich nicht mehr umdrehen? Heißt das etwa: Eine Partei, mit dem Gesicht zur Masse, läuft, nein, schreitet rückwärts? Was also? Paßt hier der Hacks-Satz — hast Du ihn etwa schon vergessen!? — daß es weniger Kommunisten gibt, als man sagt, aber mehr, als man denkt? Bedingt. Die erste Hälfte auf jeden Fall, aber ohne die zweite Hälfte fehlt dem Satz der Witz. Paßt hier der Spruch, der in Prag an der John-Lennon-Wand steht: Die Partei will unser Bestes, das Meiste davon hat sie schon?

Nein. Denn das Beste sollte ja noch kommen. Und es ist des Landesvaters tragische Rolle, denn Honnie sieht sich als Gebender. Und er, der das Nationalprodukt verteilt, es bis ins kleinste Detail großzügig zur Verfügung stellt, er erwartet Dankbarkeit und Anerkennung, so, als würde er den Laden aus eigener Tasche finanzieren.

6 Millionen Rentner danken der Partei und Staatsführung, prangte stolz ein Transparent zum 10. Parteitag bei mir in der Warschauer Straße, als die Mindestrente auf 135 Mark erhöht wurde. War es dies, das Gesicht?

Dieses zur Verfügung stellen ist eine fatale Codierung. Es kann, oder es kann nicht. Einen Anspruch gibt es nicht. Bekam einer etwas, sagten wir: Sei'n Se froh, daß Se überhaupt ... (ND, 19. 12. 1985, über Konzerte »Rock für den Frieden«, ... für die insgesamt 25 000 Karten zur Verfügung stehen — nicht etwa verkauft werden.)

Und die Codierung sagt noch etwas: das Erstellte ist nicht gegeben,

nicht verkauft, nicht verschenkt — du hast es eben nur zur Verfügung, zeitlich begrenzt, wenn auch großzügig, so doch rückrufbar, fast ein Lehen, nicht zum frei darüber Verfügen.
Und die Codierung ist im Sprachgebrauch so dominierend, daß sie, die Ambivalenz durchaus bewahrend, selbst für Solidaritätsspenden benutzt wird. (ND, 19. 12. 1985, ebenda, aber diesmal nicht Eintrittskarten, sondern SWAPO: In den Vorjahren war bereits über eine Viertel Million zur Verfügung gestellt worden. Unüberhörbar, daß das Wort bereits wenn nicht einen Vorwurf, so doch wenigstens klar die Großzügigkeit der Dotation manifestiert . . .)

Weißt Du, warum zum 30. Jahrestag der DDR die Zahl 30 in arabichen Lettern geschrieben wurde und nicht, wie vorher, beim 20. oder 25., in römischen Zahlen? — Weil wir sonst nur noch drei Kreuze gemacht hätten.

Also, jetzt ran an die Siebkohle! Aber lies was hinein, sonst kommt wirklich nichts Bedeutendes dabei heraus . . .

Warum mehr Siebkohle?

Der verstärkte Einsatz von Siebkohle ermöglicht es, erhebliche Mengen Braunkohlebriketts an anderer Stelle zu verwenden. So hat die Praxis erwiesen, daß in Glieder- und Stahlkesseln mit oberem Abbrand sowie in Flammrohrkesseln mit Planrosten ausschließlich Siebkohle eingesetzt werden kann. Derartige Kesselanlagen sind in vielen Wärmeerzeugungsanlagen der Industrie und Landwirtschaft, im kommunalen Bereich, in Einrichtungen der Volksbildung und des Gesundheitswesens installiert. Die mögliche Briketteinsparung fällt also ins Gewicht.

Der Einsatz von Siebkohle trägt aber auch in allen größeren Planrostkesseln, das sind Kessel mit starrem Rost, und in Dampferzeugern mit Wanderrosten, die beweglich sind, dazu bei, beträchtliche Mengen Braunkohlebriketts für andere Zwecke freizusetzen. Deshalb ist ihre verstärkte Produktion von großer Bedeutung.

Siebkohle entsteht aus der in Tagebauen geförderten Rohbraunkohle. Wie der Name sagt, wird sie maschinell abgesiebt, und zwar in vier unterschiedlichen Größenordnungen zwischen 8 und 20 Millimeter, denn von der Stückigkeit der Siebkohle wird der Kesselwirkungsgrad beeinflußt. Die Produktion der Siebkohle, die 1980 etwa 6,5 Millionen Tonnen betrug, stieg 1984 auf 10,6 Millionen Tonnen. Der Volkswirtschaftsplan 1985 sieht eine Steigerung auf mehr als 15 Millionen Tonnen vor. Diese Menge kann von den Kollektiven in den Braunkohlekombinaten allein nicht erzeugt werden. Deshalb sind weitere Großverbraucher von Rohbraunförderkohle wie zum Beispiel Kraftwerke, Heizwerke und Heizkraftwerke beauftragt worden, aus dem Kohlestrom stückige Kohle abzusieben, um sie für den eigenen Bedarf zu verwenden sowie den Verbrauchern im Territorium bereitzustellen.

Lieber 'ne Stumme im Bett

Als 'ne Taube auf'm Dach. Oder auch umgekehrt. Diese frei ausge-
legte Volksweisheit ist der Archetypus. Dem folgen noch andere Vor-
läufer einer jüngsten Witz-Serie. Zum Beispiel eine ältere Cafégorie:

Lieber einen guten Freund verraten, als einen guten Gag verschen-
ken.

Ende 1985, der geniale, kaum zu überbietende Erstling der Serie:

Lieber vom Leben gezeichnet, als von Tübke gemalt.

dann:

Lieber bei Hoffmann marschieren als bei Mielke sitzen.

Lieber hochschwanger als niederträchtig.

Lieber öffentlich lesbisch als heimlich im DFD.
(Demokratischer Frauenbund Deutschlands — Fraktion der Volks-
kammer, gilt als Batik- und Häkelverein.)

Lieber wohnhaft als Schonhaft.
(soll heißen: lieber drüben als hier)

Lieber 'n Blauen in der Tasche als 'n Roten in der Familie.
(Blauer: Hunni-West; Roter: Fuffi-Ost)

164

Lieber zweifelhaft als Einzelhaft.

Mit dieser Serie, die — allerdings mit Betonung der erotischen Komponente — im ganzen Land erzählt wird, nimmt eine neue, der DDR kaum noch verpflichtete Intellektualität ihren Platz ein. Die Integrität des Erzählers ist nicht mehr oberstes Gebot. Der Erzähler zieht sich angepaßt ins Private zurück und opponiert verdeckt. Und er opponiert für sich — mit seiner Moral, nicht für die Gesellschaft, deren Moral er nicht anerkennt, wohl aber deren Zwänge, mit denen er umzugehen weiß.
Wie eh und je formal brillant, gleitet der Erzähler ins Kleinbürgerliche ab — mit allen politischen und sonstigen Fragwürdigkeiten. Erstmals im politischen Witz der DDR sagt der Text über den Erzähler mehr aus als über seine Zeit:

Lieber heimlich schlau als unheimlich dumm.

Lieber Schulter an Schulter mit seiner Sekretärin als Seite an Seite mit seinem Parteisekretär.
(Oder auch umgekehrt . . .)

Lieber ohne Glied im Puff als Mitglied in der SED.

Lieber 'ne Blaue Mauritius als 'ne Rosa Luxemburg.
(ein Novum: Rosa Luxemburg war bisher eine Jeanne d'Arc der DDR . . .)

Lieber geschlossen hinter Erich Honecker als einzeln vor Erich Mielke.

Lieber Kies in der Tasche als Sand im Getriebe.

Lieber voll heimkommen als leer ausgehen.

Lieber eine breitbeinige Sekretärin als einen engstirnigen Chef.

Lieber oberaffengeil als unterallersau.

Lieber siebenmal mit Schneewittchen als einmal mit den sieben Zwergen.

Lieber locker vom Hocker als hektisch am Ecktisch.

Lieber fernsehgeil als radioaktiv.

Lieber eine gesunde Verdorbenheit als eine verdorbene Gesundheit.

Lieber Rosinen im Kopf als Tomaten auf den Augen.

Lieber Sommersprossen als gar keinen Gesichtspunkt.

Lieber einen teuren Abend als eine billige Nacht.

Lieber die Verkäuferin vögeln als den Bedarf der Bevölkerung decken.

Tja, lieber Hermann, Du mußt daran glauben! Irgendwem muß ich ja dieses Buch wohl widmen. Und Du, Du bist der Letzte, der noch da ist, wo die Witze herkommen. Ich meine, der Letzte, dem ich es widmen kann, ohne daß er ärgeren Ärger bekommt, als er ihn ohnehin schon hat. Denn die anderen, die werden länger bleiben als Du, Hermann. Auch wenn sie Dich im Amt schon die Jahre vor sich herschieben, auch wenn sie an Dir sich gütlich tun, weil Du mit mir zusammengehalten hast, auch wenn sie die strenge Miene aufsetzen, weil Du den falschen Bruder, den falschen Vater für ein Ausreiseansinnen hast. Die anderen, die werden länger bleiben. Mach Dir keine Sorgen, auch ich stamm' von den falschen Sorten ab. Und fielen wir nicht vom gleichen Stamm, und lagen wir da nicht falsch von vornherein? Kinder von Genossen — mittenmang im Fallobst der Geschichte. Wollte man uns nicht erzählen, woanders stünde die Menschheit still und gab man uns Bonbons nicht in den Mund, als wir in unsre **Meckerphase** kamen. Weil, wie sie richtig sahen, **mit'n Bonbon im Mund, da nölt sich's schlechter.** Spuck ihn aus, spuck ihn aus! Die andern werden länger bleiben, denn Du, Du bist der Letzte. Und der Letzte, das wissen wir, knipst das Licht aus. Aber die, die bleiben, die Letzten, die montieren den Schalter ab.

Hermann, ich weiß, Du hast gemerkt, daß ich ein, zwei Witze, ein, zwei Sprüche dazugeschmuggelt habe. Du hast auch gemerkt, daß ich genauso vieles weggelassen habe. Erzähl's nicht weiter, ein ganz klein wenig hab' ich mich doch zum Zensor der vox populi erhoben, habe sie — bei allem Respekt — in einen eigenen Gestus gegossen. Du wirst verstehen: geschrieben müssen Witze den Fluß des Erzählten haben. Sag's nicht weiter, es ist überprüfbar. Wenn sich jemals jemand mit dem Archivieren dieser Volkskunst befassen konnte, durfte, mußte, dann die Jungs, die überprüfen können, ob Du mich mit meinen Mängeln im Parnaß (2458 m, in Mittelgriechenland, also erreichbar) dereinst denunzieren wirst. Und Du weißt! Die Weitergabe von der Geheimhaltungspflicht nicht unterliegenden Informationen wird bestraft. Noch. Da bei Dir.

Gewidmet Hermann Anders, Filmkomponist, Bandleader, Posaunist, zur Zeit in den vorzeitigen Ruhestand versetzt, als Überlebenstraining für spätere Gipfelstürme, siehe oben. Gewidmet seiner heit'ren Hilke, z. Z. Krankenschwester adé.